Walter Sack

Schnitzereien aus Ast- und Stammstücken

Franckh'sche Verlagshandlung
Stuttgart

Mit 17 Farbfotos, 46 Schwarzweißfotos und 61 Zeichnungen vom Autor
Die gewerbliche Fertigung der Schnitzvorrichtungen auf den Seiten
21 und 24 bedürfen der Genehmigung des Entwerfers, Bildhauer Walter
Sack.
Umschlag von Hans-Ulrich Eichler
unter Verwendung eines Dias von Burkhard Kahl

CIP-Kurztitelaufnahme der Deutschen Bibliothek

Sack, Walter
Schnitzereien aus Ast- und Stammstücken. –
1. Aufl. – Stuttgart; Franckh, 1978.
(Sinnvolle Freizeit)
ISBN 3-440-04508-0

Franckh'sche Verlagshandlung, W. Keller & Co., Stuttgart/1978
Printed in Italy/Imprimé en Italie/LH 9 be/ISBN 3-440-04508-0
Satz: IBV Lichtsatz KG, Berlin
Herstellung: Editoria S. N. C. di G. A. Benvenuto & C., Trento (Italien)

Schnitzereien aus Ast- und Stammstücken

Von der Rinde zum massiven Holz

Dem, der vor hat, sich nach der anfänglichen Rindenschnitzerei am festen und härteren Holz zu versuchen, soll hier eine Wegweisung gegeben werden. Die vorliegende Anleitung will die Lust am Schnitzen steigern. Dabei ist keineswegs beabsichtigt, von der Rinde gänzlich Abschied zu nehmen. Dort, wo es sinnvoll ist, wird sie in die Schnitzerei mit einbezogen. Baumstämme, Äste und auch Zweige bieten sich zum Schnitzen an. Für den Anfang ist zuerst einmal an dünne Stämme gedacht, die erfahrungsgemäß keinerlei vorzeitige Schnitzmüdigkeit aufkommen lassen, eher das Gegenteil. Der ausgewählte Stamm oder der dicke Ast wird die Freunde des Holzschnitzens zu weiteren Versuchen herausfordern.

Kleine Holzkunde

Der gefällte Baum zeigt an der Sägestelle sein Querholz (siehe Abb. I, Pfeil 1). Auf diesem sind die Jahresringe zu sehen. Als „Jahre" werden sie kurz und bündig von den Handwerkern bezeichnet. Im Mittelpunkt der Ringe liegt das Herz (Mark) des Holzes. Ein in Längsrichtung aufgesägtes oder gespaltenes Stammstück zeigt die Maserung (siehe Abb. I, Pfeil 2). Je nach Baumart ist diese mehr oder weniger stark ausgeprägt, und je nach Anschnitt wird sie geflammter oder strenger liniert vorherrschen.

Maserung und Holzschnitzerei

Das Aussehen, die Wirkung und der Charakter einer unbemalten, im naturfarbenen Zustand belassenen Holzschnitzerei wird durch die Maserung entscheidend beeinflußt. Sowohl in gutem wie in

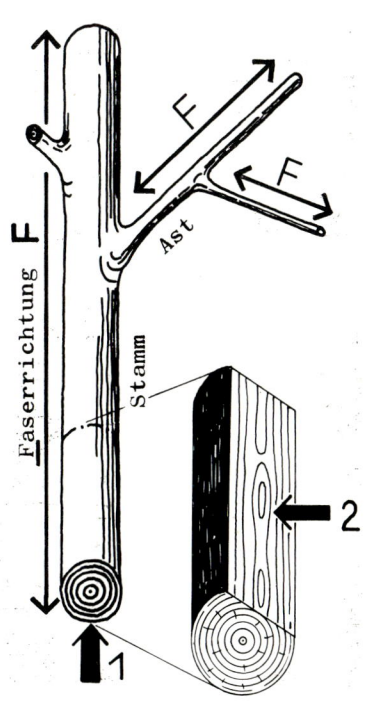

Abb. I

7

schlechtem Sinne. Manchmal stört sie einfach. Zum Beispiel: Zierliche Blumen, in ein auffällig gemasertes Holzbrett geschnitzt, werden kaum zur Geltung kommen. Andererseits kann die Maserung zu einem Teil der Schnitzerei werden, weil sie in der Lage ist, verschiedene Eindrücke zu vermitteln: die Glätte der Haut, die Schuppen des Fisches, die Zeichnung eines Schildkrötenpanzers, fantasievolle Schalenformen von Insekten usw. Die Maserung ersetzt somit die weitere Ausarbeitung einer Figur. An geschnitzten Beispielen wird das Gesagte gut ersichtlich.

Faserrichtung und Bruchfestigkeit

Die Holzfaser hat nichts mit dem Aussehen einer Figur zu tun, sondern mit der Bruchfestigkeit. Dünne, lange Beine eines geschnitzten Tieres

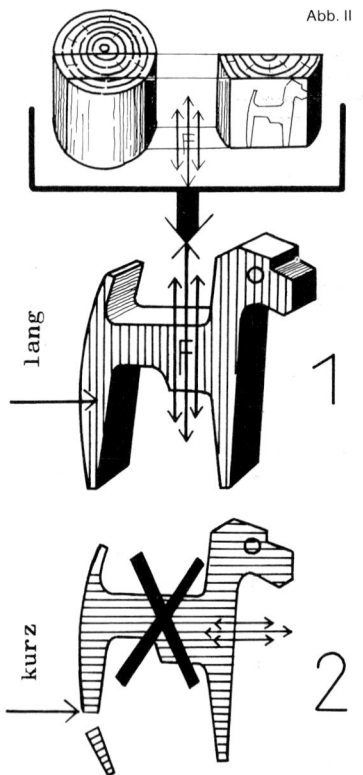

Abb. II

geben sicherlich sofort zu denken. Das Wissen um den Faserverlauf im Stamm, Ast und Zweig ist deswegen sehr wichtig (siehe Seite 7, Abb. I). Ein stehendes Tier muß beispielsweise so aus einem zum handlichen Werkstück verarbeiteten Stammteil herausgeschnitzt werden, daß die Holzfaser in dessen Beinen längs verläuft (siehe Abb. II, 1). Bei den anderen, für die Bruchfestigkeit der Figur nicht so wichtigen Körperteilen, müssen kritische Stellen hingenommen werden. Wie es falsch ist, zeigt Abb. II, 2. Bei einem derartig kurzen Faserverlauf würden schon beim Schnitzen die Beine zerbrechen. Ihnen fehlt die Versteifung durch die richtige Faserrichtung. In den folgenden Lehrbeispielen wird das hier in Abb. II, 1 vermerkte Pfeilbündelzeichen die jeweils richtige Faserrichtung anzeigen. Sich überkreuzende Pfeilzeichen besagen, daß beide Richtungen möglich sind.

Holzsammeln im Wald

Die vorliegenden Modelle sind aus Leseholz geschnitzt. Das unter diese Bezeichnung fallende Holz darf jedermann im Wald auflesen. Es sind jedoch gewisse Bestimmungen zu beachten, die beispielsweise den Durchmesser des Holzes begrenzen, Art und Größe der Handsäge und der erlaubten Transportmittel vorschreiben und anderes mehr. Jeder Interessierte sollte deswegen vorher beim zuständigen Forst- oder Bürgermeisteramt Auskunft einholen.

Preisgünstiges Holz

Dem Bau- oder Ausbau von Forstwegen, Straßen und Siedlungen fällt mancher Baum zum Opfer. Jährlich richten Stürme Schäden an. Nach Waldarbeiten bleibt zum Teil auch stärkeres Holz liegen. Für den Freizeitschnitzer kann brauchbares und billig zu erwerbendes Material darunter sein. Bei kleinen Mengen oder Selbstabholung erhält man es unter Umständen unentgeltlich.

Wurzelholz

Rodungen für Bauvorhaben hinterlassen vielerorts das von der Natur reichhaltig geformte Wurzelwerk. Übungen an besonders dafür ausgesuchten Stücken sind sehr anregend, und nicht umsonst beschäftigen sich viele Liebhaber damit.

Welches Holz ist der Beachtung wert?

Was die Holzart betrifft, sollte man fürs erste nicht wählerisch sein. Vielerlei Material auszuprobieren weckt und gibt letzten Endes das richtige Gefühl für den Werkstoff. Man sollte jedoch auf seinen Zustand genau achten. Für angefaultes oder morsches Holz beispielsweise ist jeder Schnitt zu schade.
Besonderen Spaß macht es, sich an frisch gefällten und vom Baumsaft noch getränkten Hölzern zu versuchen. In diesem Zustand sind auch härtere Arten zu meistern wie Eiche, Esche und Ahorn. Der Anfänger begnügt sich bei diesen Arten vorerst mit Ästen und Zweigen. Gerodete, liegengebliebene Haselnußsträucher und Salweiden liefern besonders leicht zu bearbeitendes Übungsholz.
Da uns als Leseholz die empfehlenswerte Linde nicht allzuoft begegnet,

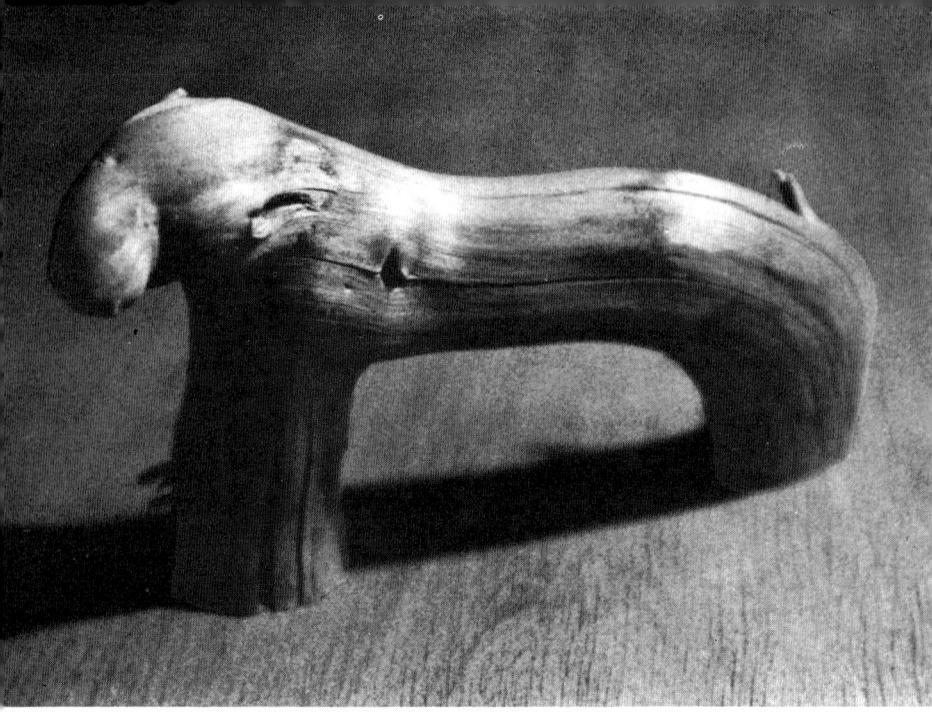

Bild 1. Ausgesuchtes Wurzelstück

wäre unter den weichen Hölzern vor allem auf die Kiefer hinzuweisen. Sie ist meist in reichem Maße anzutreffen und wird den Hobbyschnitzer voll befriedigen. Eine gute Maserung ist ihr eigen, und der diesem Holz anhaftende Harzgeruch bringt den Duft des Waldes auch in das Großstadtheim. Kurze Stammstücke mit etwa 5 bis 10 cm Durchmesser eignen sich für vielerlei kleine figürliche Arbeiten. Für größere nimmt man zunächst 15 bis 20 cm dicke Stücke. Aus solchem Material läßt sich auch werkgerechtes Holz spalten und sägen (siehe Seite 13, Abb. IV, V, VI).

Das häufig im Wald anfallende Tannen- und Fichtenholz eignet sich nicht besonders für Schnitzereien. Es sei denn, man plant grob und großzügig gearbeitete Gebrauchsgegenstände und Figuren. Deshalb sollte man den Weihnachtsbaum nicht wegwerfen. Stamm, Äste und Zweige, in kleine Stücke zerlegt, lassen sich durchaus verwerten.

Der Hobbyschnitzer richtet sein Holz vorerst auf das für ihn praktische Längenmaß von 45 bis 50 cm zu.

Werkzeug zum Sammeln und Zubereiten von Holz

Der Wald gibt erst die richtige grundlegende Einstellung zum Werkstoff Holz. Nicht allein von der nützlichen und praktischen Seite her betrachtet, sondern auch vom Verhältnis zur Natur, zum lebenden Baum und Strauch. Dieses Verhältnis wird in der Anwendung und Behandlung des Werkstoffes zum Ausdruck kommen und entsprechende Früchte tragen.

Es ist stets lehrreich, mit Forstleuten zu sprechen. Man erhält auf diese Weise Rat, Auskunft und zusätzliches fachliches Wissen.

Der Hobbyschnitzer wird als Wanderer seinen Rucksack zum Holztransport verwenden. In ihm verstaut er auch eine Baumsäge. Wer schon im Wald sein Holz etwas zubereiten will, nimmt ein kleines Beil und einen kräftigen Holzhammer mit. Baumstümpfe können praktische Werkplätze sein. Erwachsenen und Jugendlichen, die sich unterwegs mit dünnerem Material zufriedengeben wollen, wird empfohlen, die zusammenklappbare Campingsäge, den Bildhauerklüpfel sowie ein 80 mm breites Schweizereisen (siehe Seite 12, Abb. III) zum Spalten des Holzes mitzunehmen.

Unter Aufsicht kann man die Campingsäge auch Kindern unter 12 Jahren in die Hand geben. Für das selbständige Zerlegen von Leseholzzweigen und Ästen benützen sie nur die kleine Mehrzwecksäge. Sie ist leistungsfähiger, als es den Anschein hat. Das Herumsägen an lebenden Bäumen und Sträuchern ist Forstfrevel; davon soll nicht nur das Verbot abhalten, sondern die Ehrfurcht vor der Natur.

Aber nicht nur die erste Zurichtung des Holzes wird mit den eben genannten Werkzeugen bewältigt. Mit ihnen können auch die Rohlingsfiguren gefertigt werden. Damit ist der Freizeitschnitzer weitgehend unabhängig von Maschinen und fremden Werkstätten, zudem schult er sich in rein handwerklicher Arbeit.

Handhabung von Beil und Säge

Einst war der Umgang und die Erfahrung mit diesem Werkzeug schon von Kindheit an selbstverständlich. Vor ihrem Gebrauch sind folgende Ratschläge zu beherzigen: Alle scharfen Werkzeugteile werden vor dem Transport mit kräftigen Lederhüllen versehen. Alte Schulranzen können das Material dazu liefern.

Die Schnellschnittzahnung der Baumsäge neigt beim Ansägen zum „Springen". Man benützt deswegen nicht die Hand als Führungs-

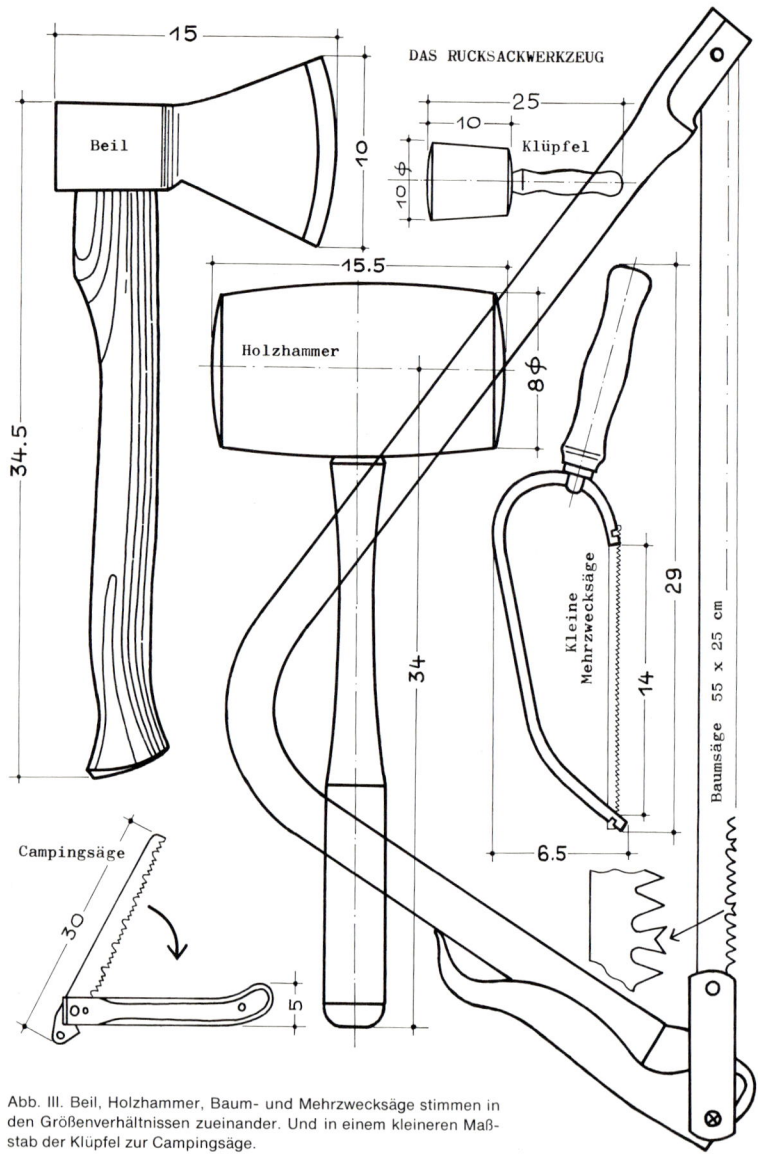

DAS RUCKSACKWERKZEUG

Beil

15

34.5

Klüpfel

25

10

10 ⌀

10 ⌀

Holzhammer

15.5

8 ⌀

34

Kleine Mehrzwecksäge

29

14

6.5

Baumsäge 55 x 25 cm

Campingsäge

30

5

Abb. III. Beil, Holzhammer, Baum- und Mehrzwecksäge stimmen in den Größenverhältnissen zueinander. Und in einem kleineren Maßstab der Klüpfel zur Campingsäge.

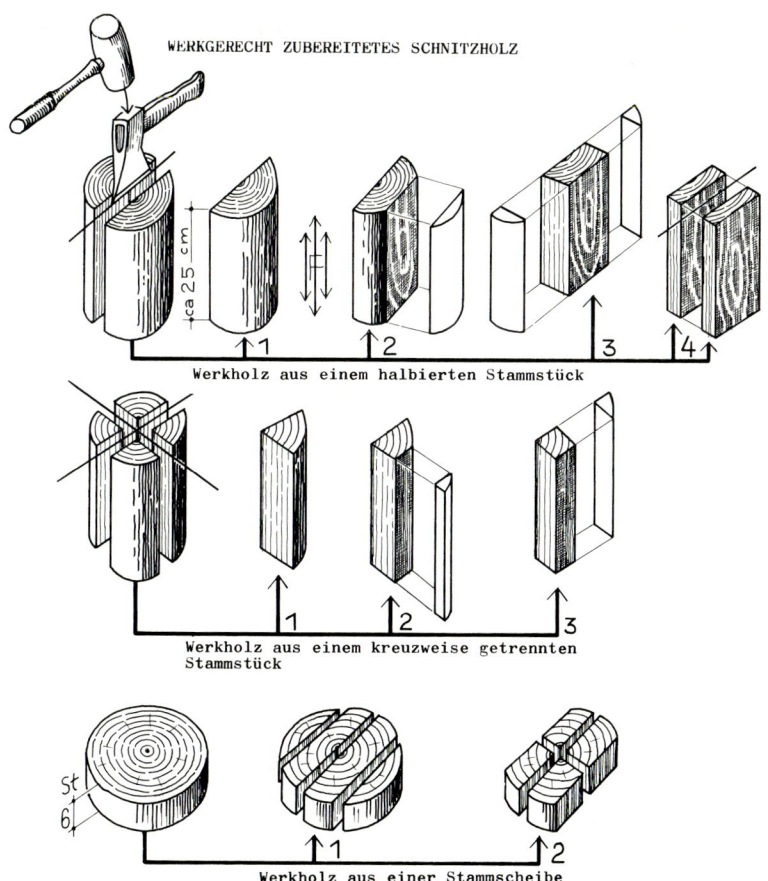

WERKGERECHT ZUBEREITETES SCHNITZHOLZ

ca 25 cm

↑1   ↑2   3   ↑4↑

Werkholz aus einem halbierten Stammstück

1   ↑2   3

Werkholz aus einem kreuzweise getrennten
Stammstück

St.
6.

↑1   ↑2

Werkholz aus einer Stammscheibe

Abb. IV (oben); Abb. V (Mitte); Abb. VI (unten)

Bei dieser Arbeit gilt vor allem: je kürzer das Stammstück ist, um so mü-
heloser und genauer erreicht man sein Ziel. Ihrer geringen Stärke we-
gen ist deshalb die Baumscheibe besonders für Kinder zum Spalten
und Sägen von Figurenklötzchen geeignet. Das, was hier im Kleinen
geübt wird, geschieht im Prinzip in den Sägewerken im Großen. Aus
den hier vorbereiteten Hölzern lassen sich nun je nach Schnitzvorha-
ben sehr leicht beliebig große Stücke schneiden.

schiene, sondern ein Holzstück. Der gestreckte Daumen oder Zeigefinger der linken Hand kann dabei das Sägeblatt von oben her absichern. Man sollte das zuerst einmal in aller Ruhe üben. Sägeverletzungen sind immer unangenehm!

In den Waldgebieten wenden insbesondere Frauen und Kinder seit alters her folgende Methode an: Sie klemmen die Handsäge zwischen Körper und Boden oder einen anderen Gegenstand und führen das Holz mit beiden Händen über das Sägeblatt. Je näher sich die Hände am Sägeblatt befinden, um so vorsichtiger muß man natürlich auch hier sein. Wer sicherer geworden ist, kann auf diese Weise sogar aus starken Baumscheiben Klötzchen und Brettchen sägen.

Ebenfalls ist zu vermeiden, mit dem Beil leichtsinnig umzugehen. Mit losem und geborstenem Stiel wird dieses Werkzeug schnell zum Bumerang. Das Werkholz muß stets auf einer sicheren Unterlage stehen, denn abprallende Holzstücke können zu Gesichtsverletzungen führen. Beim Zubereiten von kurzem Stammaterial in handliche Werkholzstücke benützt man das Beil wie einen Keil und treibt es mit kräftigen Holzhammerschlägen in das Querholz. Damit der Holzhammer nicht beschädigt wird, schleift man eventuell scharfe Kanten am Beil ab. Zu Hause verwendet man zum Holztrennen möglichst einen schweren Eisenhammer (Fäustel usw.).

Wer gelegentlich astreiches und knorriges Holz mit einbeziehen möchte, benützt die Säge. Verzichtet man auf die Spaltmethode, so hat man in jedem Fall geringeren Materialverlust – es erfordert jedoch mehr Ausdauer.

Hinweis: Kindern sollte man größere, scharfe Werkzeuge erst ab 12 Jahren überlassen und noch einige Zeit unter Aufsicht und Anleitung.

Das Schnitzwerkzeug

Für den Anfänger ist vor allem das Schnitzmesser (Abb. VII) wichtig. Man kann es als Universalwerkzeug bezeichnen. Es ist sowohl für das Schnitzen kleiner Figuren geeignet als auch für die Fertigung von Kerbschnitzereien. Als nächstes wäre das gerade Schnitzeisen (Abb. VIII) zu nennen. Seine Schneide (Sch) kann eine gerade Stichform (1), Balleisen genannt, besitzen. Bei nur leicht gekrümmter Schneide (2) ist es ein Flacheisen. Hohleisen hat man in der Hand, wenn die Schneiden stärker gewölbte Stichformen aufweisen (3). Bei einer Form wie 3c

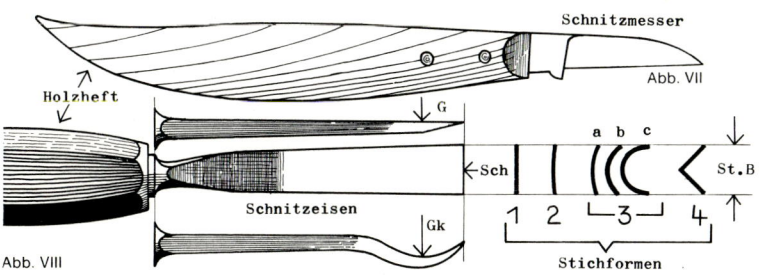

Schnitzmesser

Abb. VII

Holzheft

a b c

St.B

Schnitzeisen

1 2 3 4

Abb. VIII

Stichformen

spricht man auch von einem Bohrer. Die
Stichform 4 ist ein Geißfuß. Die verschiedenen
Formen ergeben eine Fülle von Einsatzmög-
lichkeiten beim Figurenschnitzen und der
Ausführung von Flachschnitzereien und Re-
liefs. Mit den Stichformen 3c und 4 lassen sich
beispielsweise auf Anhieb eine Rund- (R) und

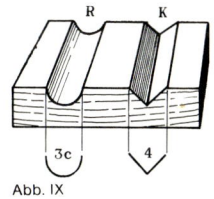

Abb. IX

Keilkerbe (K) einschneiden (siehe Abb. IX). Außer den geraden Schnitzeisen (siehe Abb. VIII, G) gibt es auch das gebogene, das gekröpfte
(siehe Abb. VIII, GK) und das verkehrt gekröpfte Eisen. Für das tiefe
Aushöhlen von Schalen, Löffeln usw. ist für den Hobbyschnitzer nur
das gekröpfte Hohleisen von Interesse. Für große und besonders rustikale Bildhauerarbeiten werden die Schweizer- oder Tirolereisen heran-
gezogen. Das sind besonders breite und kräftig geschmiedete Werkzeuge. Wie schon erwähnt, sind sie auch für die Holzzubereitung
praktisch.
Die Industrie bietet eine reiche Auswahl von Werkzeugen an. Folgende
Tabelle soll ein erster praktischer Hinweis für den Anfänger und ernst-
haften Liebhaber des Holzschnitzens sein. × = Unentbehrliches
Werkzeug. ■ = Nur für kräftige Jugendliche und Erwachsene gedacht.

Zweck	Art des Werkzeugs	Stichform wie:	Stichbreite (St.B) in mm	
Ausrüstung für die ersten Versuche und Übungen	Schnitzmesser			×
Die ersten Schnitzeisen	Gerades Flacheisen	2	14	×
	Gerades Hohleisen	3c	7	×
	Gerades Hohleisen	3a	22	■

15

Zweck	Art des Werkzeugs	Stichform wie:	Stichbreite (St. B) in mm	
Ergänzung für	Gerader Geißfuß	4	8	
gesteigerte	Gerades Balleisen	1	14	
Anforderungen	Gerades Hohleisen	3 a	5	
	Gerades Hohleisen	3 c	3	
Spezielle Ausrüstung	Gekröpftes Hohleisen	3 a	25	■
für das Aushöhlen von	Gekröpftes Hohleisen	3 c	10	
Schalen, Löffeln usw.				
Zusatzwerkzeug für	Gerades Flacheisen	2	30	■
die großzügige Vor-	Gerades Hohleisen	3 b	30	■
arbeit und größere	Gerader Geißfuß	4	20	■
Schnitzvorhaben				
Zusatzwerkzeug für	Schweizereisen	1	80	■
rustikale Bildwerke	Schweizereisen	2	50	■
und die Zubereitung	Schweizereisen	3 a	50	■
von Holzmaterial				

Stumpfe Schnitzeisen

Wenn alle Voraussetzungen für das Schnitzen einschließlich der Begabung dazu erfüllt sind, fehlt in den meisten Fällen noch die richtige Schärfe des Schnitzmessers und der Schnitzeisen. Eines steht fest, stumpfe Werkzeuge lassen das Interesse und die Freude am Schnitzen bald erlahmen.

Anders ist es mit scharfen Werkzeugen. Butterweich dringt jetzt die Schneide in den Werkstoff, und leicht löst sich Span um Span. So zu arbeiten spornt an, das immer mehr sich abrundende Werk zu vollenden.

Die Mehrzahl der Werkzeuge wird von der Industrie stumpf auf den Markt gebracht. Auch die „geschärften" genügen kaum den Ansprüchen des erfahrenen Holzschnitzers. Man muß sich deswegen selbst helfen. Man bezieht das Schärfen von Anfang an als Hobby mit ein – und übt es mit Ausdauer!

Mit einer einfachen Handschleifmaschine läßt sich der Vorschliff durchaus bewerkstelligen. Wer die kleine Zusatzausgabe und die Arbeit des Auswechselns der Schleifscheiben nicht scheut, schafft sich eine Scheibe mit grober und eine mit feiner Körnung an. Ansonsten ist eine Schleifscheibe von mittlerer zu feiner Körnung tendierend angebracht.

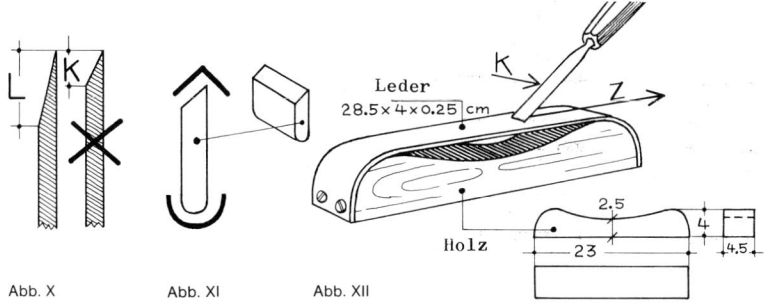

Abb. X	Abb. XI	Abb. XII

Die Eisen müssen lang (siehe Abb. X) angeschliffen sein. Für den Fein-schliff (Abziehen) braucht man einen belgischen Brocken (Naturstein) und für das Innenabziehen der Hohleisen und des Geißfußes (siehe Abb. XI) einen 5,5 × 2,3 × 0,5 cm großen Hohlmeißelstein (siehe Abb. XI, H). Zum Schluß bekommen die Schneiden noch eine Sonderbehand-lung auf dem selbstgefertigten Abziehriemen (siehe Abb. XII). Dabei sticht man nicht gegen das Leder, sondern zieht die Schneiden darüber (siehe Abb. XII, Z).
Die Schnitzwerkzeuge bewahrt man am besten in einer Tasche aus Se-geltuch oder Leder auf. Ein Rat: um Verletzungen der schnitzenden Hand zu vermeiden, bricht man zu scharfe Seitenkanten an den Schnitzeisen (siehe Abb. XII, K) mit dem Abziehstein.

Handhabung von Schnitzwerkzeugen

Das Schnitzen bietet drei Arbeitsmethoden an: das freie reine Hand-schnitzen (siehe Seite 18, Bild 2), das Handschnitzen am befestigten Werkstück (siehe Seite 18, Bild 3) und das Schnitzen mit dem Klüpfel (siehe Seite 22, Bild 8).
Bild 2 = Beim reinen Handschnitzen hält die linke Hand das Werkstück, und die rechte führt das Schnitzeisen. Dabei wird der Stahl des Werk-zeugs umfaßt, nicht das Holzheft. Es ist darauf zu achten, daß die Schneide so kurz wie möglich aus der rechten Hand ragt. Um ein Aus-rutschen in die linke Hand zu vermeiden, muß die schnitzende Rechte ständig am Werkstück anliegend absichern. Auf diese Weise kann man sich nahezu überall als Schnitzer betätigen. Eine feste Arbeitsunterlage ist nicht unbedingt nötig. Das gilt vor allem für kleine Schnitzereien.
Das Schnitzmesser ist zunächst einmal leichter zu handhaben als ein Bildhauereisen, da viele Anfänger bereits durch „Vorübungen" mit

17

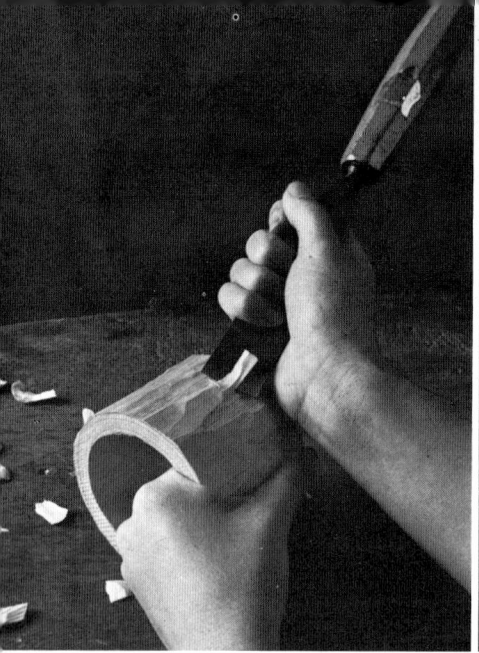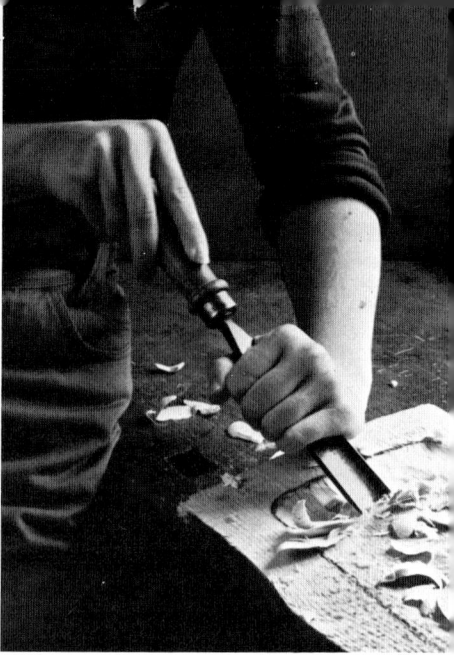

Bild 2   Bild 3

dem Taschenmesser eine gewisse Sicherheit und Vertrautheit erworben haben.

Bild 3 = Bei dieser Methode wird das Werkstück in eine Hobelbank gespannt oder mit Zwingen und entsprechenden Vorrichtungen an einem Werktisch befestigt. Die linke Hand ist nun frei, so daß mit voller Kraft – beide Hände am Werkzeug – geschnitzt werden kann. Die Linke lediglich am Werkstück fixiert, läßt sich abwechselnd auch einhändig arbeiten.

Bild 8 = Hammerschläge auf das Holzheft des Eisens bestimmen jetzt das Schnitzen (Bildhauern). Je nach Arbeitssituation kann der Klüpfel hin und wieder aus der Hand gelegt, und wie bei Bild 2 beschrieben, weitergeschnitzt werden. Bei schweren Werkstücken erübrigt sich durch deren Eigengewicht eine Einspannvorrichtung. Das gleiche gilt, wenn ein größeres Stück, auf einer festen Unterlage liegend, gegen einen haltgebenden Anschlag gedrückt wird.

Man muß sich ein ruhiges Arbeiten angewöhnen. Bei Unkonzentriertheit und Fahrigkeit ist die Gefahr, sich durch die scharfen Eisen zu verletzen, schnell gegeben.

Bohrer und Hilfsmittel zum Glätten

Die Bohrwinde und der Schlangenbohrer ergänzen das Schnitzwerkzeug auf nützliche Weise. Um nur zwei Beispiele zu nennen: man kann damit das nasse und Spannung hervorrufende Mark aus den Hölzern bohren und Vorarbeit für tiefe Einhöhlungen (Holzgefäße) leisten. Die Führungsspitze des Schlangenbohrers (siehe Abb. XIII, FS) verhindert, daß er „auf den falschen Weg" kommt. Diesen Vorteil hat zwar der übliche Maschinenspiralbohrer (siehe Abb. XIV) nicht, aber er eignet sich für kleine und kleinste Bohrungen gut. Ihm ist keine „Sprengwirkung", der Nachteil des Schneckenbohrers (siehe Abb. XV), zu eigen. In selbstgefertigte Hartholzhefte gesteckt, möchte man den Spiralbohrer bald nicht mehr missen. Mit diesem Kleinhandwerkzeug lassen sich auch winzige Löcher in die Glieder einer Halskette bohren.
Vorteilhaft sind ein 8, 11 und 25 mm Schlangenbohrer und ein Spiralbohrer mit 1,5, 2, 3, 4, 5 und 6,5 mm Durchmesser. Die zusätzliche Anschaffung eines 3, 4 und 7 mm Schneckenbohrers zum Bohren von Schraubenlöchern und anderen Zwecken ist natürlich kein Fehler. Zwei größere Schraubzwingen zum Festklemmen von Werkholz und anderem können dem findigen Schnitzer gute Helfer in vielen Arbeitssituationen sein.
Zum Glätten der Schnitzereien verwendet man eine grob- und feingehauene Raspel (siehe Abb. XVI). Außer den üblichen gibt es auch schlanke, geschweifte Raspeln und Feilen (siehe Abb. XVII), mit denen man schwer zugängliche Stellen erreicht. Glaspapier mit grober und feiner Körnung sollte man zum anschließenden Nachschleifen stets zur Hand haben. Je nach Art der zu glättenden Figurenoberfläche faltet man das Glaspapier zusammen (siehe als Beispiel das Faltschema Abb. XVIII, F). Mit den flachen Seiten (a) können nun gerade und runde Flä-

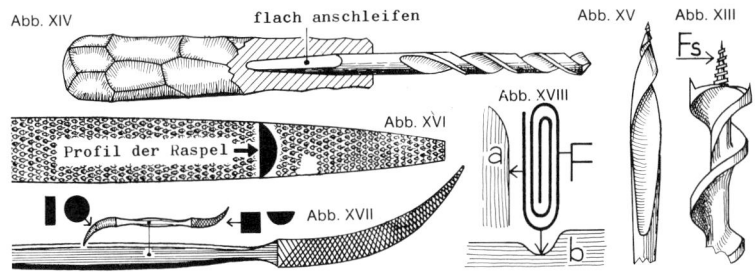

Abb. XIV   flach anschleifen   Abb. XV   Abb. XIII

Profil der Raspel

Abb. XVI

Abb. XVIII

Abb. XVII

chen geschliffen werden und mit den runden Seiten (b) Einbuchtungen und Aushöhlungen. Man kann sich auch spezielle Schleifhölzer und für größere, gerade Flächen Schleifklötze fertigen, um die das Glaspapier gewickelt wird. Der Handel bietet Schleifkorken an.

Die Schraubzwinge als guter Helfer beim Bohren

Bild 4 zeigt, wie man im Wald das Mark (Herz) aus einem Stammstück bohren kann. Ein geeigneter, großflächiger Baumstumpf wurde als Werkplatz ausgesucht. Darauf wurde das Werkstück fest zwischen eine Schraubzwinge geklemmt und durch diese

Bild 4

mit den Füßen mit Hilfe des Körpergewichtes gehalten. Beide Hände konnten nun für die kraftfordernde Arbeit mit der Bohrwinde eingesetzt werden, wobei der Oberkörper durch ein Mitdrücken (auf den Knauf der Winde) die Bohrarbeit beschleunigte.

Das Schnitz- und Sägebrett

Eine praktische Vorrichtung, und auf jedem einigermaßen standfesten Tisch verwendbar, ist das Schnitz- und Sägebrett. Jeder handwerklich Begabte kann es anfertigen. Es schont den üblichen Zimmertisch und erleichtert das Sägen von kleinen Figurenrohlingen.

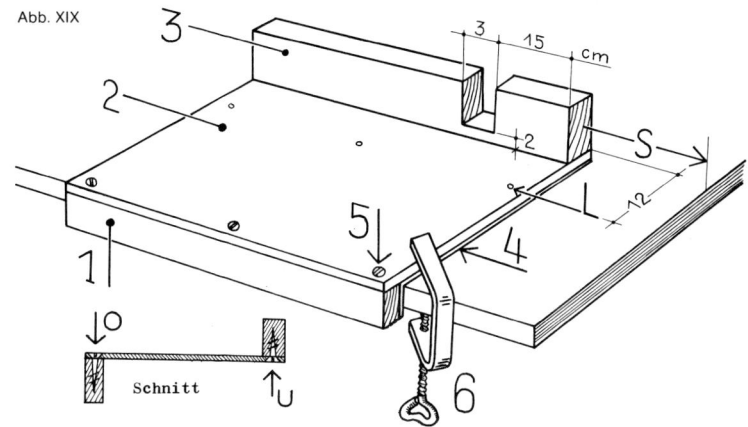

Abb. XIX

Abb. XIX:
1 = Anschlagsleiste für die Tischkante (60 × 5 × 2 cm)
2 = Schnitz- und Sägeunterlage (60 × 40 × 0,8 oder 1 cm)
3 = Anschlagsleiste mit Sägeschlitz (60 × 6 × 3 cm)
4 = Filz- oder Lederschutz (ankleben)
5 = 6 Holzschrauben mit Senkköpfen (40 mm lang × 5 mm Durchmesser)
Die Leiste (1) wird von oben her (O) mit drei Schrauben am Schnitzbrett befestigt. Die andere Leiste (3) dagegen von unten her (U) (siehe Pfeile des Schnittes). Ein Vorverlegen von Leiste 3 ist möglich, wenn man drei zusätzliche Löcher (L) bohrt. Die Vorrichtung kann mit kleinen Zwingen (6) an die Tischplatte geklemmt werden. Zum Durchtrennen von Holz schiebt man die Vorrichtung am besten an die Tischkante (S). Für die Anschlagsleisten (1 und 3) verwendet man Buche oder ähnlich harte Arten und für die Unterlage (2) Sperrholz.

Der Hack-, Säge- und Schnitzklotz

Dieser originelle Stammklotz macht sich als rustikales Schmuckstück in einer Diele, Bauernstube oder sonst in einer passenden Ecke der Wohnung gut. Man kann ihn unter anderem auch als Blumenbank oder Sockel für eine Pflanzenschale verwenden. Im übrigen kann man ihn auch auf die Veranda oder in den Garten stellen oder mit dem Auto ins Ferienhaus mitnehmen, wenn man draußen darauf arbeiten möchte.

Bild 5 (oben). Die einfache Sägemethode

Bild 6 (Mitte). Sägen an der Anschlagsleiste des Schnitzbrettes

Bild 7 (unten links). Sägearbeit am Hack-, Säge- und Schnitzklotz

Bild 8 (unten rechts). Bildhauerarbeit am Hack-, Säge- und Schnitzklotz (mit Klüpfel und Schweizereisen)

Rechte Seite:
Bild 9 (oben). Die Nute des Klotzes wird zur Fertigung einer Rohlings-figur benützt (Aussägen des Umrisses).

Bild 10 (unten). Die Arbeit, die auf Bild 9 gezeigt wird, läßt sich auch bewerkstelligen, wenn man die Beine des Klotzes als Anschlag benützt. Hier ist allerdings mehr handwerk-liches Geschick und ein längeres, gut griffiges Werkstück vonnöten. Ungeübtere klemmen das Werkstück besser mit einer Schraubzwinge an den Klotz.

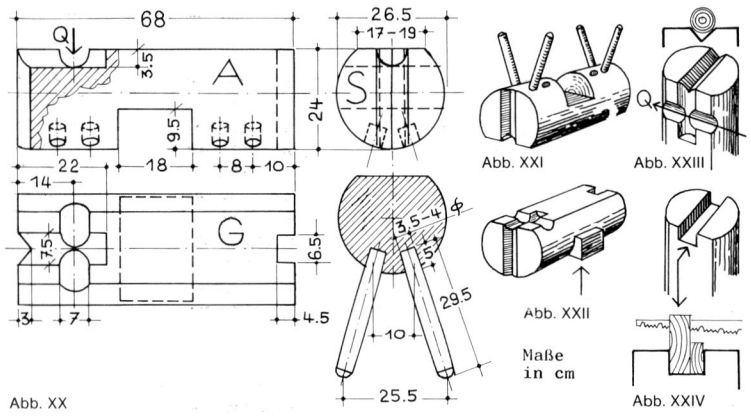

Abb. XXI

Abb. XXIII

Abb. XXII

Maße in cm

Abb. XX

Abb. XXIV

Auf seiner abgeflachten Seite liegend (siehe Abb. XXI), lassen sich auf dem Klotz dickere Stämme durchsägen. Bei kurzen Stücken steckt man die Halterungen in die anderen Löcher. Dreht man das Ganze um, werden die Halterungen zu Klotzbeinen (siehe Abb. XX, B). Nun kann man sich darauf setzen, ein Rundholz in die Querkerbe Q legen, es zwischen die Knie klemmen und mit Eisen und Klüpfel bearbeiten. Durch Einschieben eines 35 cm langen Bohlenstückes in die Sägeaussparung (siehe Abb. XXII) entsteht eine besonders strapazierfähige Werkunterlage. Ein echter Holzamboß! Stellt man ihn hochkant (siehe Abb. XXIII), erhält man beispielsweise eine Sägekerbe (Halterung) für kleinere Stammdurchmesser. Und in die Nute (siehe Abb. XXIV) kann man zubereitetes Werkholz einklemmen und Figurenrohlinge aussägen.

Der wichtigen manuellen Schulung kommt diese einfache Schnitz- und Sägevorrichtung sehr entgegen. Und ihre Anfertigung macht nicht nur Spaß, sie ist auch lehrreich und vermittelt durch die Arbeit am Stamm das rechte Holzgefühl. Das Material der Klotzbeine sind Spatenstiele aus Eschenholz. Für den Stammklotz selber verwendet man irgendein Hartholzstammstück. Die technische Zeichnung (siehe Abb. XX) zeigt den Aufriß (A), den Grundriß (G), den Seitenriß (S) und den Schnitt (B). Die räumlichen Zeichnungen werden den im technischen Sehen noch Ungeübten schnell auf die „richtige Spur" führen.

Erste Übungen an Ästen und Zweigen

Zum Arbeiten legt man sich jetzt die kleine Mehrzwecksäge, das Schnitzmesser und die Spiralbohrer bereit. Zwei in früherer Zeit oft benützte Gegenstände sollen Übungsobjekte sein. Es sind der Rückenkratzer und die Schleuder. Geeignete Äste mit Verzweigungen findet man sicherlich beim Leseholz. Der Zweck ist, sich vor allem im Kerben (siehe Seite 26, Bild 11, Pfeil 1), in den Kerbeinschnitten (siehe Seite 26, Bild 11, Pfeil 2) und in der Oberflächenbearbeitung (siehe Seite 26, Bild 13) zu üben. Siehe dazu auch Abb. XXVI auf Seite 26.

Beide Objekte zeigen, daß man sich nicht an überreichen Verzierungen verkünsteln muß. Mit einfachen Motiven läßt sich auch sorgfältiger und präziser üben. Daß bereits eine einfache, aber exakte Bearbeitung eines Zweiges oder Astes gute Schmuckwirkung erzielt, zeigt deutlich die Abb. 13 auf Seite 26. Die Technik dabei ist, daß man mit dem Schnitzmesser am Anfang etwas tiefer einschneidet und danach flach ausklingen läßt (siehe Abb. XXV, 1 und 2). Am besten ist, man übt es an einem entrindeten Ast zuerst einmal mit schmuckbandartig hintereinander angeordneten Einschnitten (siehe Abb. XXV, 3). Die Beachtung dieser Disziplin wirkt dem meist viel zu schnellen, oberflächlichen ,,Schnipfeln und Schnitzeln'' entgegen, dem viele Anfänger verfallen sind.

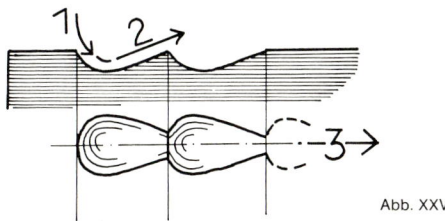

Abb. XXV

Bei den Kerbschnittübungen bleibt die Rinde als Farbkontrast am Holz. Um so besser läßt sich auch die Anordnung überblicken und sicher bewältigen. Das gilt besonders für die Einteilung der einzelnen Kerbeinschnitte (siehe Bild 11, Pfeil 2). Man sollte darauf achten, daß man sie verschieden groß schnitzt. Das steigert die lebendige Wirkung dieser Verzierung.

Die fertigen Übungsstücke eignen sich gut als Wandschmuck. Die Astabzweigung des Rückenkratzers (siehe Seite 26, Bild 12) könnte man sich auch als Griff eines Wanderstockes denken und in anderer Weise gestalten. Wer Lust hat, kann es gleich versuchen.

Bild 11   Bild 12   Bild 13

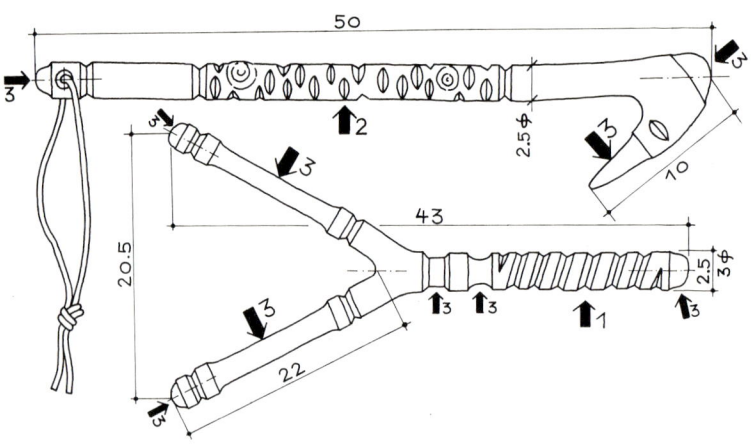

Abb. XXVI. Rückenkratzer mit Vogelkopf sowie Schleuder mit schraubenförmig verziertem Griff (Eschenholz)

26

Schmuck aus Aststückchen

Der Halsschmuck auf Bild 14 besteht aus kleinen Tannenästen, deren Rinde mit dem Schnitzmesser abgeschält wurde. Die Querholzstellen sind rund angeschnitzt. Das Mark läßt sich spielend leicht durchbohren. Man benützt dazu den Spiralbohrer mit selbstgefertigtem Holzheft. Zum Auffädeln der einzelnen Glieder empfiehlt sich ein reißfester Dekorationsfaden. Ein kleiner Ast und ein Holzstück mit Astloch ergeben den Verschluß (siehe Abb. XXVIII).

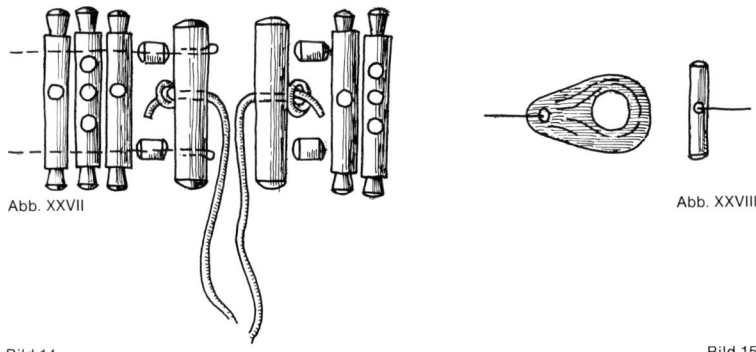

Abb. XXVII

Abb. XXVIII

Bild 14

Bild 15

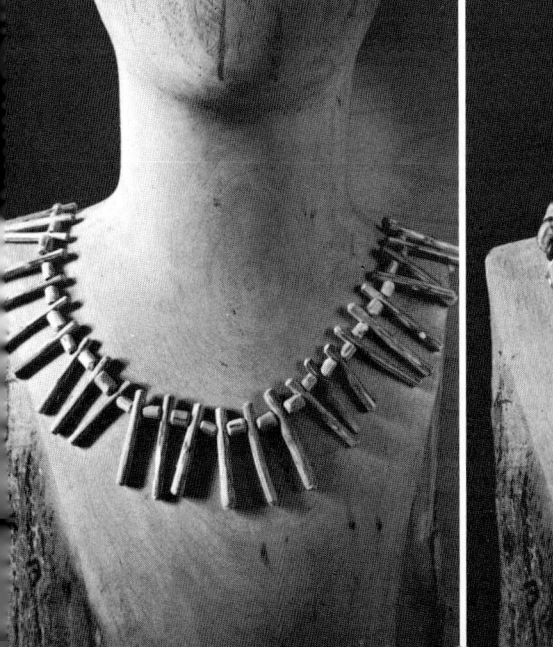

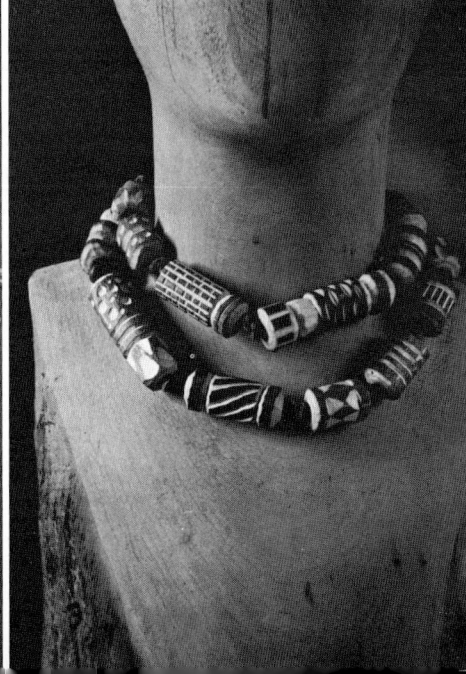

Den Kombinationsschmuck auf Seite 27, Bild 15 kann man am Hals oder als Gürtel tragen. Er ist aus 2 cm starken Aststücken der Eberesche geschnitzt. Man schält die Rinde so weit vorsichtig ab, bis eine schöne, braune Schicht zum Vorschein kommt. Diese wird danach mit Kerbschnitzerei verziert. Jeder kann hier seine Fantasie frei walten lassen. Das Mark durchbohrt man mit einem 4,5 mm Spiralbohrer. Diesmal verbindet ein kräftiges, braunes Lederriemchen die Schmuckelemente. Zum Schließen verknotet man das Ganze.

Der Gürtel auf Bild 16 ist aus Fichtenästen gefertigt, deren Rinde durch längeres Liegen im Wald bereits abgesprungen war. Die Enden der Aststücke sind kurz – sich nach innen verjüngend – angeschnitzt; die Mittelteile dagegen mit einer Punktverzierung versehen. Eine Gruppierung von jeweils drei Ästen bildet das schmückende Element. Ein langer, kräftiger Dekorationsfaden verbindet den Gürtel. Verknotet wird er mit einem Lederriemen (siehe Abb. XXVII).

Abenteuerliche Figuren aus Zweig-, Ast- und Stammstücken

Das Zusammenstecken von Waldabfällen zu abenteuerlichen Figuren ist sehr reizvoll und für Kinder und Erwachsene gleichsam ein Vergnügen. Gut haftende Rinde läßt man am Material. Der Kontrast zu den geschnitzten Stellen kann nur erwünscht sein. Man bezieht alle Merkmale des Holzes wie Verwachsenes, Knorpeliges, Unebenes usw. in die Gestaltung mit ein. Siehe zum Beispiel das Auge des Fabeltieres (Bild 17) und der Höcker am Rückenende. Zunge, Beine, Fühler und Schwanz sind in Bohrungen hineingesteckt. Man darf sich an solchen Figuren nicht verkünsteln, je urwüchsiger sie wirken, um so besser. Die einfache Punktverzierung auf dem Rumpf des Fabeltieres wurde mit dem Hohleisen eingekerbt.
Das Maul wird zuerst eingesägt. Trockenrisse stören an derartigen Gestaltungen nicht. Als Geschenk, z. B. als Schmuck auf Blumenbänken, dürften solche Schnitzereien sehr willkommen sein.

Abb. XXIX

29

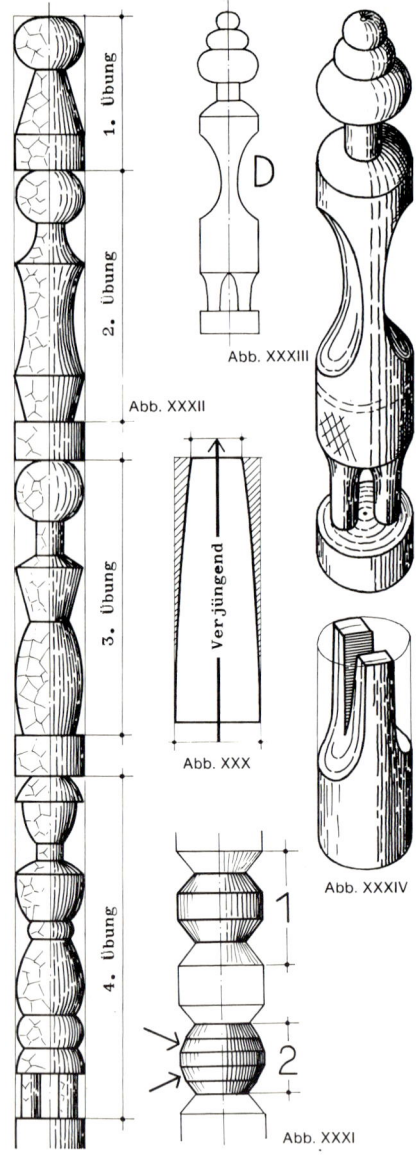

Abb. XXXIII

Abb. XXXII

verjüngend

Abb. XXX

Abb. XXXIV

Abb. XXXI

1. Übung

2. Übung

3. Übung

4. Übung

D

1

2

Formübungen

Rein arbeitstechnisch gesehen liefern Bäume und Sträucher fertig vorgeformtes Rundmaterial. Das hilft der Fantasie nach, sich in diesem Material rundgestaltete Formen vorstellen zu können. Aber nicht nur dies, das runde Holzprofil zwingt die schnitzende Hand, dieser Form zu folgen. Beispiel: Wenn jemand zu irgendeinem Zweck einen Ast anspitzt oder verjüngt, leistet er, vom Material begünstigt, rundformende Arbeit, ohne es je geübt zu haben. Siehe dazu den Vogelkopf am Rückenkratzer auf Seite 26, Bild 12. Bei zwei Rundum-Kerben (siehe Abb. XXXI, 1) muß die

Rechte Seite:
Bild 18 (oben links) zeigt einen Brieföffner; links mit einfachem, sich verjüngendem Griff (siehe auch Abb. XXX); rechts besteht der Griff aus aneinandergereihten, kugeligen Formen (siehe auch Abb. XXXI).

Bild 19 (oben rechts) zeigt Figuren, gewonnen (herausgetrennt) aus einem Figurenstock wie Abb. XXXII. Auf diese Weise kann man sich Schachfiguren gestalten (s. auch Abb. XXXII).

Bild 20 (unten links) zeigt eine Raumschmuck-Standarte aus Drachenköpfen (die Zungen sind eingesteckt). Der mittlere Kopf entsteht wie auf Abb. XXXIV gezeigt wird. Alle Rachen werden eingesägt!

Bild 21 (unten rechts) zeigt ein Blumenbesteck. Man fügt es in obigen Arbeitsplan beliebig ein.

Hand ebenfalls zwangsläufig rund um den Ast schnitzen. Bricht man anschließend die Kanten (siehe Pfeil), dann entsteht auch ohne viel Geschick in einem zweiten Arbeitsgang (2) automatisch eine Kugelform. Die Fähigkeit, rundplastisch zu formen, ist eine grundlegende Voraussetzung für das Figurenschnitzen. Man übt nun mit dem Schnitzmesser – sich ständig an den Zeichnungen und Fotos orientierend – diese Lehrbeispiele in der angegebenen Reihenfolge. Das runde Werkmaterial wird dem Anfänger helfen, sie leicht zu bewältigen.

Eine Anregung zu einem eigenen schöpferischen Experiment gibt die Fantasiegestalt (Vollplastik) auf Abb. XXXIII. Man verziert sie ähnlich wie die Figuren auf Seite 31, Bild 19.

Bäume regen die Fantasie an

Das Geäst eines Baumes besteht für aufmerksam beobachtende Augen aus lauter abenteuerlich aussehenden Gebilden. Man kann sowohl Tiere als auch Menschen darin erkennen. Manche Astgebilde entziehen sich wiederum diesen Vorstellungen und begeben sich ganz in den Bereich der Fantasie und Fabelwesen.

Eine wahre Fundgrube tut sich hier auf. Man kann diese von der Natur vorgeformten Gebilde mit der Säge und den Schnitzwerkzeugen nach eigenem Gutdünken vollenden – oder aber sich durch sie zu völlig Neuem anregen lassen. Je reicher die Fantasie des Betrachters, desto mehr läßt sich aus einer Form ablesen.

Die Abb. XXXV zeigt, wie aus einem Baum ein „gedankliches Vorlagenbuch" wird. Der Astabschnitt Nr. 1 macht den Eindruck eines Männleins mit ausgebreiteten Armen, und wenn der Ast Nr. 2 auf den Zweigen steht, wird ein angreifendes Tier erkenntlich. Ein Baummännchen mit langer Nase tritt plötzlich in Erscheinung, man muß lediglich Nr. 3 auf den Kopf stellen (siehe auch Seiten 34/35, Bild 22 und 23, jeweils links unten). Das Astgebilde Nr. 4 ergibt auf Anhieb zwei Möglichkeiten: erstens ein liegendes und zweitens ein nahezu fertiges, stehendes Tier mit hochgestrecktem Hals (Nr. 4a). Eine Vollendung zur Giraffe dürfte nicht schwerfallen. Das Astgebilde Nr. 5 gibt zuerst einmal Rätsel auf. Doch wenn man im Reich der Fantasiewesen nachforscht, gibt sich ein Rüsseltier zu erkennen (siehe auch Seite 35, Bild 23, oben). Die Stammgabelung Nr. 6 weckt Vorstellungen an einen Tierkopf mit Hörnern.

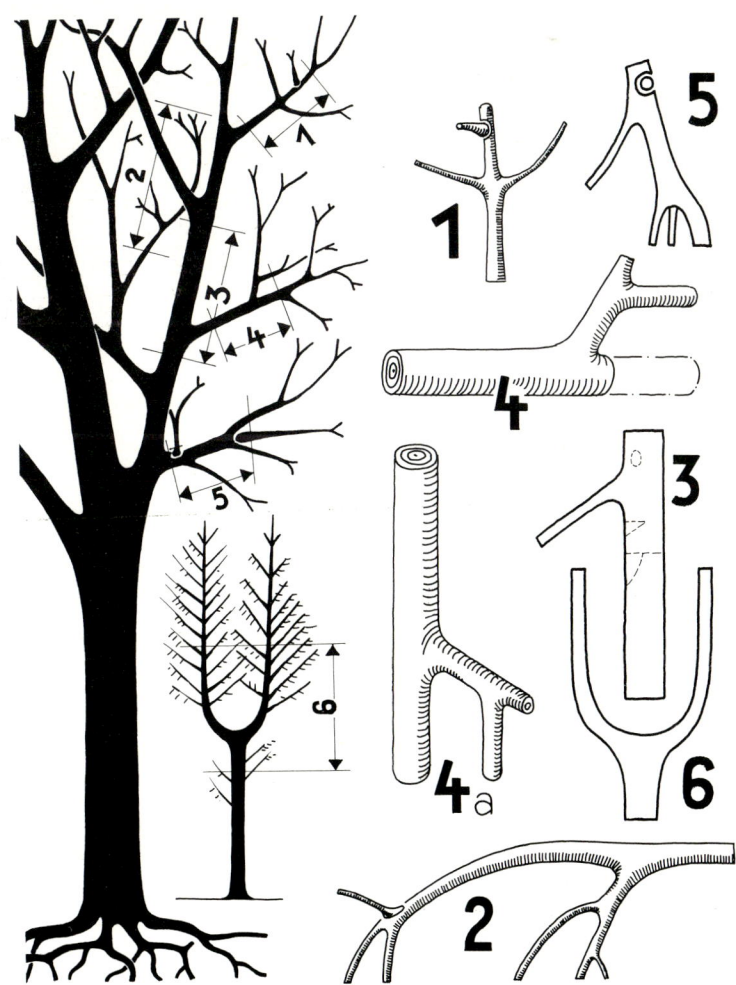

Abb. XXXV

Varianten zu Abb. XXXV:
Bild 22 (Seite 34). Links oben = Rüsseltier (5), rechts oben = uriger Schädel mit Gehörn (6), links unten = Baummännchen (3), rechts unten = Waldhexe (Rückseite des Baummännchens)

Bild 23 (Seite 35). Bilder oben = Rüsseltier (5), links unten = Baummännchen (3), rechts unten = uriger Schädel mit Gehörn (6)

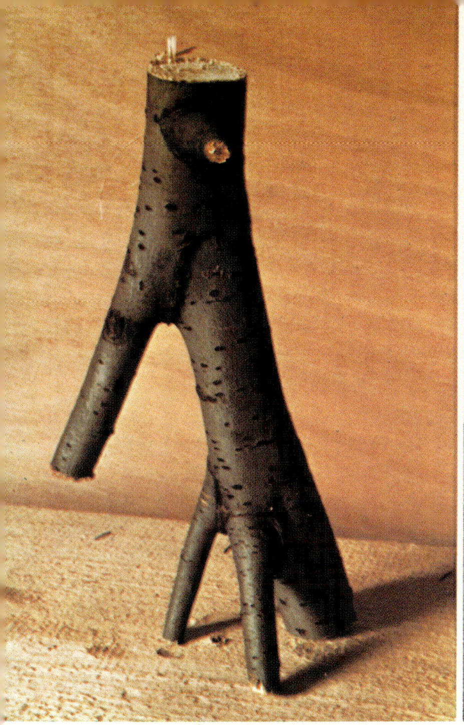
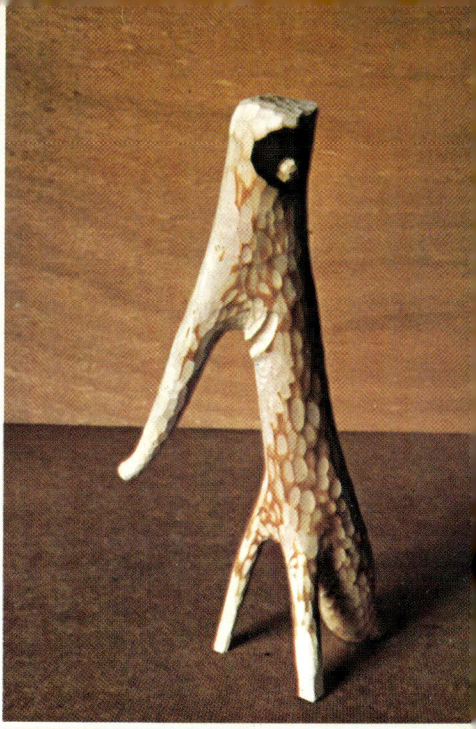
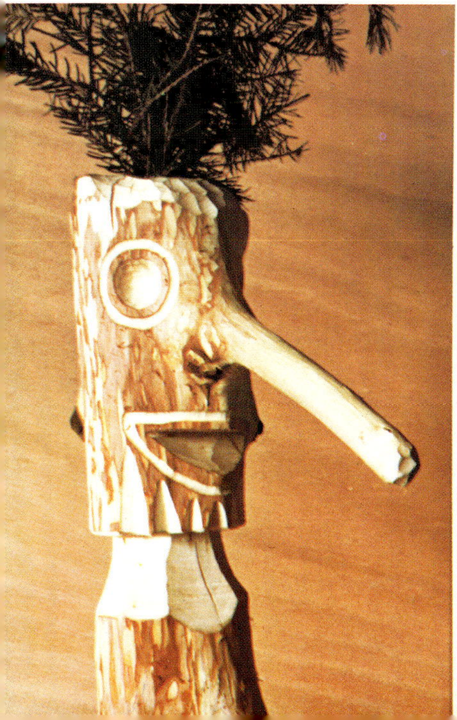
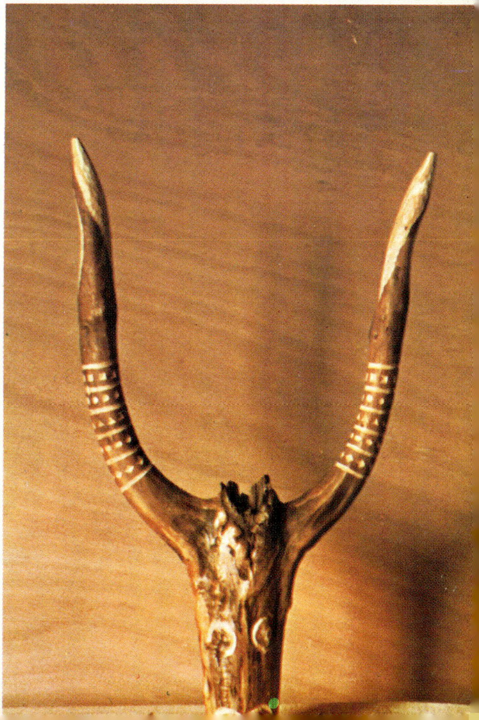

Die Bildseiten zeigen, wie diese Anregungen in die Tat umgesetzt wurden. Eine gerodete Salweide lieferte die natürlich gewachsene Form für das Rüsseltier Nr. 5. Der sitzende Stammrumpf hat einen Durchmesser von 3,2 bis 3,7 cm und eine Höhe von 25 cm. Aus einem 7 bis 8 cm dicken und 45 cm langen Stammabschnitt derselben Weide entstand das Baummännchen Nr. 3 mit der Astnase. Zur Minderung der Trockenrisse wurde bei ihm von unten und oben her das Herz (Mark) herausgebohrt. Der scherzweise eingesteckte Haarbusch aus Fichtenzweigen (siehe Seite 34/35, Bild 22 und 23, jeweils links unten) deutet darauf hin! Das Beispiel Nr. 6 lieferte eine Fichte. Die Gabelung lag als Abfallstück schon längere Zeit auf dem Waldboden. Die Rinde war abgefallen, und das nun bloße, glattglänzende Holzgebilde mutete geheimnisvoll an. Das Ganze wirkte sofort wie der Schädel eines urigen, gehörnten Tieres und forderte deswegen zum Mitnehmen heraus. Auf diese Weise im Walde Trophäen zu sammeln, ist ein großes Vergnügen. Die Gesamtmaße des Tierkopfes mit Hörnern betragen 38 × 58 cm. Die Kopfbreite mißt 7,5 cm und 11,5 cm an der beginnenden Gabelung oberhalb der Augen. Stärke der Hörner 5 cm.

Äste mit Zweigstummel ergeben Kasperlköpfe

Beim Anblick des Baummännchens sind die Gedanken an Kasperlköpfe nicht fern. Man müßte den Kopf des Männchens nur unterhalb des Halses absägen und ein Loch für den Finger bohren – und schon wäre der Kasper fertig! Diese Naturköpfe haben für den Anfänger den Vorteil, daß die Nasen als Zweig- oder Aststummel bereits vorhanden

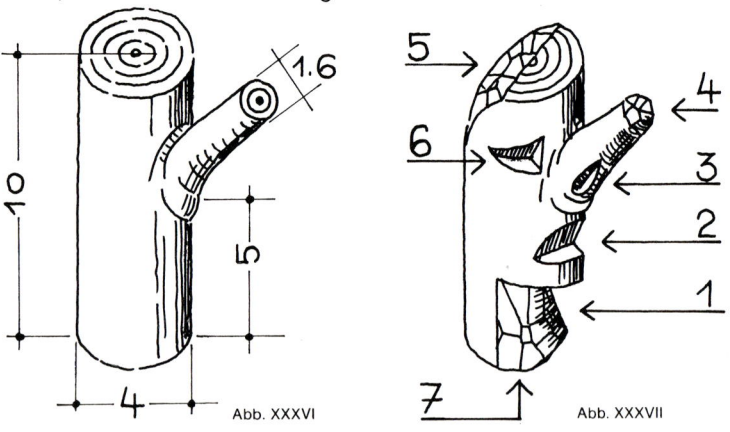

Abb. XXXVI

Abb. XXXVII

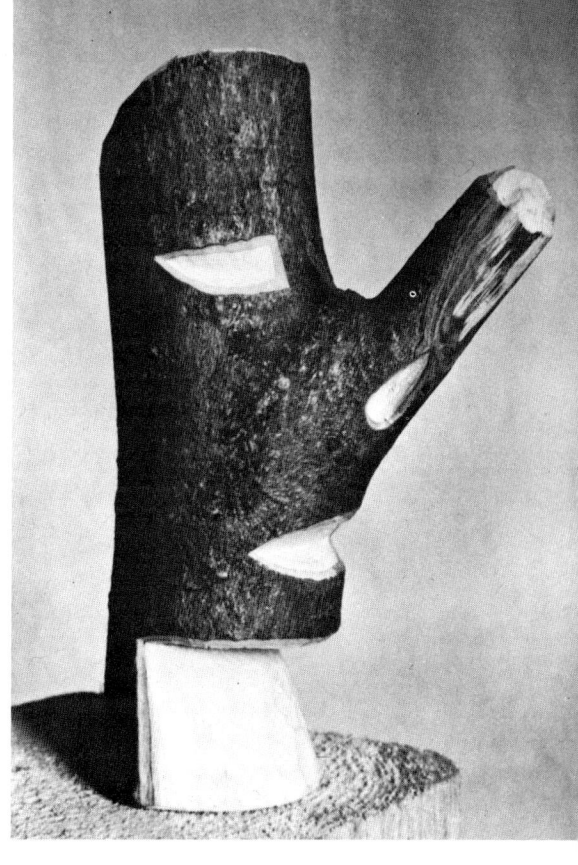

Bild 24. Der Hochnäsige, geschnitzt aus Eschenholz

sind. Ein hochnäsiges Gesicht zu fertigen, um nur ein Beispiel zu nennen, ist deswegen kein Problem. Die Reihenfolge der Arbeitsgänge (siehe Abb. XXXVII) sind: 1. Hals einschneiden, gleichzeitig entsteht das Kinn. 2. Mund einkerben. 3. Nasenlöcher einkerben. 4. Nasenspitze rund schnitzen. 5. Hinterkopf abflachen. 6. Augen einschneiden. 7. Das Loch zum Einstecken des Fingers bohren. Man übt dies alles erst einmal an Stamm- oder Aststücken mit den hier vorgegebenen Maßen (siehe Abb. XXXVI) und verwendet für die ersten Arbeiten nur das Schnitzmesser. An den nicht bearbeiteten Stellen bleibt die Rinde stehen. Solche Übungswerke sind, mit einem Korken versehen, auch als Flaschenkopf geeignet.

Zufällige Rohlinge im Abfallholz

Waldarbeiter hinterlassen hin und wieder anregendes Material. Die Stammscheibe mit Aststummel (Buche) weist auf eine Schildkröte hin, ohne daß der Betrachter erst große Fantasie entwickeln muß (Bild 25, Seite 38). Die Gabelung (Buche) ergibt einen Kerzenhalter. Auf Seite 38, Bild 26 ist der fertige Kerzenhalter abgebildet. Es kann natürlich auch ein zweiköpfiges Fantasiewesen daraus gestaltet werden. Umgekehrt

37

gestellt ist eine breitbeinige, gedrungene Figur denkbar (siehe Seite 29, Abb. XXIX, 2). Das Bild 26 veranschaulicht die Verwandlung vom Abfallstück in einen dekorativen Zier- oder Gebrauchsgegenstand sehr deutlich. Der Werdegang war denkbar einfach. Die durch den Trockenprozeß im Wald aufgesprungene Rinde wurde vollends entfernt und die Querholzflächen mit der Raspel überarbeitet. Zur Fertigung der Kerzenlöcher verwendete man die Winde und den Schlangenbohrer. Man könnte natürlich auch aus Holzschrauben Aufsteckdorne fertigen. Die Punkteverzierung besteht aus Hohleiseneinkerbungen. Sie lassen sich auch im harten und spröden Buchenholz verhältnismäßig gut bewältigen.

Schnitzereien aus Rundholzstücken

Wenn man ein Leseholzstück vertikal stellt, ergibt sich eine strebende Form, in der man sich eine stehende Figur vorstellen könnte (siehe Abb. XXXVIII und Bild 27). Bei einem horizontal gelegten Rundholzstück (siehe Abb. XXXIX und Bild 28) dagegen denkt man an flachliegende Formen. Daraus könnten Vierfüßler, Kriechtiere und ähnliches entstehen.

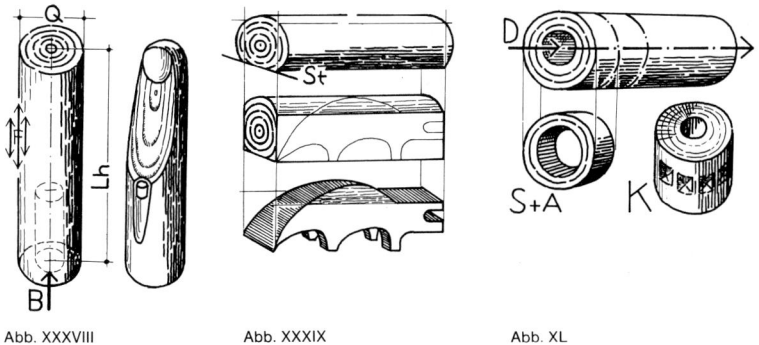

Abb. XXXVIII   Abb. XXXIX   Abb. XL

Während das stehende Stück sofort einen guten Stand hat, vorausgesetzt das Querholz (Q) ist zum Längsholz (Lh) sauber und winkelgerecht geschnitten (gesägt), muß man beim liegenden eine Standfläche

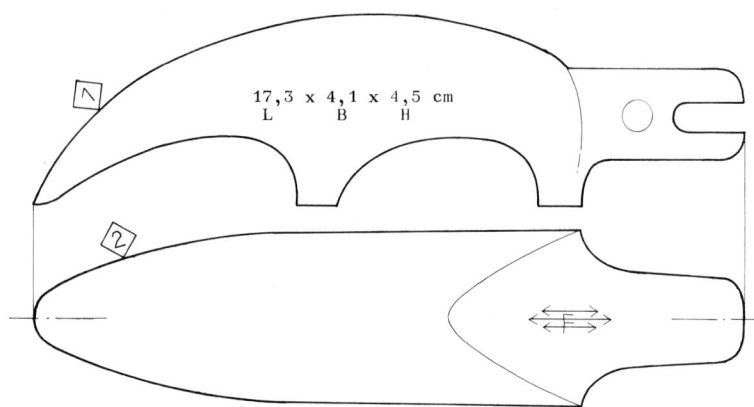

Bild 28. Fabeltier aus Eschenholz

17,3 x 4,1 x 4,5 cm
L   B   H

Abb. XLI. Arbeitsschablonen zum Fabeltier
Bild 29 (rechts oben). Kerzenhalter und Eierständer (oder Serviettenring)
Bild 30 (rechts unten). Schmaler und breiter Armreif aus Kiefernholz

(St) voraussetzen. Es sei denn, man plant Gegenstände, die durch ihre Verwendungsart einen Stand und festen Ort erhalten, wie z. B. der Serviettenring durch das Tuch oder der Schmuckreif durch den Arm.

Vorbeugung gegen Trockenrisse

Frisches, noch vom Baumsaft getränktes Holz läßt sich gut schnitzen. Es hat jedoch den Nachteil, daß sich an dem geschnitzten Gegenstand lästige Trockenrisse bilden können. Man bohrt deswegen, wie bereits beim Baummännchen erwähnt, so weit als möglich den nassen Kern des Holzes heraus. Bei der stehenden Figur (siehe Abb. XXXVIII, Seite 39) beispielsweise ein Stück von unten her, siehe Pfeil B am Rundholzwerkstück. Wenn sie dafür bestimmt ist, an einer Wand zu stehen oder zu hängen, bietet sich ein Aushöhlen von der Rückseite her an. Da man zur Fertigung von Serviettenringen und Armreifen (siehe Seite 39, Abb. XL, S und A) oder Kerzenhaltern (siehe Abb. XL, K) ohnehin einen Durchbruch (Pfeil D) in das Holz bohren muß, löst sich bei diesen Gegenständen das Problem von selbst.

Hinweis und Rat: Holz verhält sich beim Trockenprozeß je nach Größe des Stückes, nach Holzart und nach Art der Formgebung verschieden (unberechenbar). Man braucht aus diesem Grund zum Radikalmittel des Aushöhlens erst greifen, wenn sich Trockenrisse unangenehmer Art abzeichnen. Eine genaue Überwachung der trocknenden Figur ist in diesem Fall anzuraten.

Der rustikale Dreikerben-Kerzenhalter (siehe Bild 31) entstand aus ei-

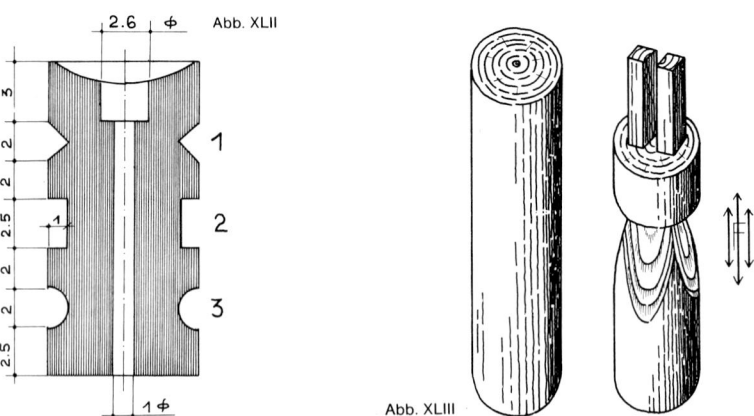

Abb. XLII

Abb. XLIII

Bild 31   Bild 32

nem Fichtenstammstück von 16 cm Länge und 8 cm Durchmesser, siehe Abb. XLII: 1 = Keilkerbe, 2 = Geradkerbe, 3 = Rundkerbe. Wichtiger Hinweis: Für die Benützung von Holzleuchtern steckt man sicherheitshalber in die obere Bohrung stets eine Metallhülse (Rohrstückchen auf Metallscheibe des gleichen Durchmessers), oder man befestigt auf dem Leuchter eine Schale (Alternative: flache Scheibe) mit Dorn. Dünnes Aluminium, Kupfer oder Eisenblech läßt sich leicht mit der Blechschere zuschneiden.

Der Körper der Fantasieschnecke auf Bild 32 windet sich – wie beim Schleudergriff gelernt – schraubenförmig nach oben. Auf ihm sitzt ein Kugelkopf, gekrönt von zwei schalmeienförmigen Fühlern. Die Oberfläche der Figur ist fein geschliffen. Für die Übungsarbeit nimmt man einen Ast oder einen kleinen Stamm von 6 × 24,5 cm. Das vorliegende Beispiel wurde aus Kiefernholz gefertigt (siehe Abb. XLIII).

43

Ein Kiefernstammstück wird zum Kasperlkopf

Werkzeuge: Kleine Bastlersäge, 14 mm Flacheisen, 7 mm Hohleisen.
Die Arbeitsgänge sind (siehe Abb. XLIV und Bild 33):

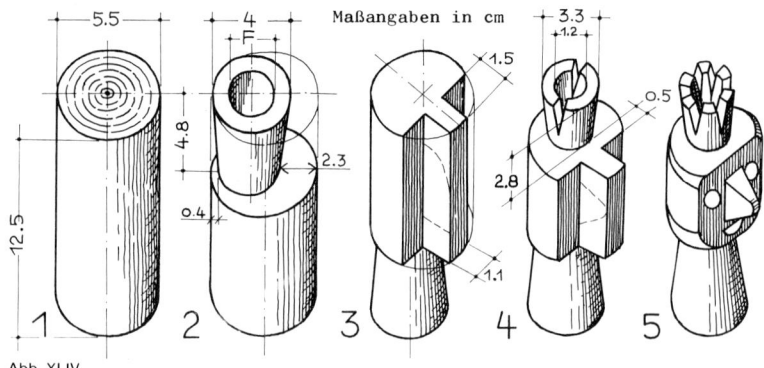

Abb. XLIV

1 = Von einem 5,5 cm starken Kiefernstamm ein 12,5 cm langes Stück
absägen und entrinden.

2 = Den Hals grob aussägen und anschließend mit dem Flacheisen
rund formen.

3 = Eine linke und rechte Gesichtsfläche einsägen. Auf diese Weise
verbleibt für die Nase ein Materialstück. Jetzt könnte man ein
strenges Gesicht für Respektspersonen mit großer Hakennase fertigen (z. B. Polizist, Wächter, Aufseher usw.).

4 = Krönchen aussägen und mit dem Flacheisen rund schnitzen.
12 mm Loch einbohren und Zacken einsägen.

5 = Nasenform aussägen. Kanten am Kopf mit dem Flacheisen abrun-
den. Nun den Kopf an allen Seiten sauber überschnitzen (Oberflächenbearbeitung) und mit dem Hohleisen Augen und Mund einkerben. Je nach Fingerdicke bohrt man zum Abschluß ein
entsprechendes Loch (siehe Abb. XLIV, 2 F) in den Hals (mit
Schlangenbohrer oder Hohleisen).

Käfer

Einen Durchmesser von 5,5 cm hatte der Kiefernstamm, aus dem der
Käfer auf Bild 34 entstand. Wichtig ist, daß zuerst die Standfläche ge-
schaffen wird. Von der Standfläche bis zur höchsten Rückenstelle mißt

44

Bild 33 (links). Rustikal gesägte und geschnitzte Kasperlköpfe; Bild 34 (rechts)

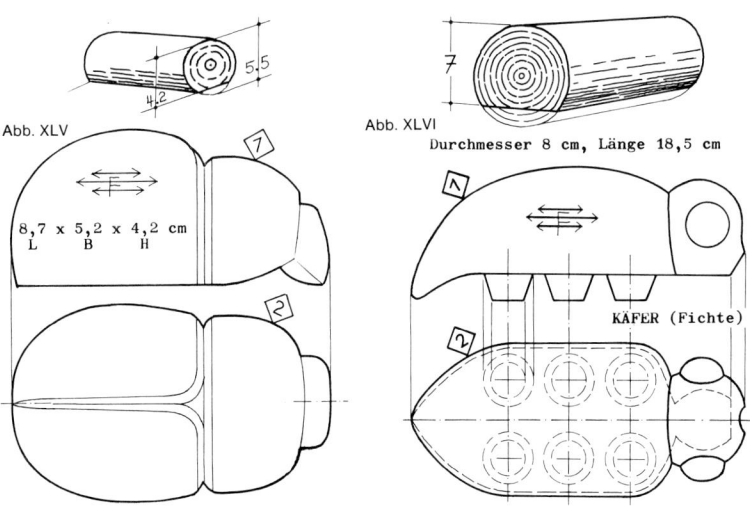

Abb. XLV

Abb. XLVI
Durchmesser 8 cm, Länge 18,5 cm

8,7 x 5,2 x 4,2 cm
L   B   H

KÄFER (Fichte)

er danach noch ca. 4,2 cm. Oberflächenbearbeitung: Feinschliff. Die Maserung soll voll zur Wirkung kommen.
Wie bereits erwähnt, lassen sich auch aus spröderem Material Figuren

45

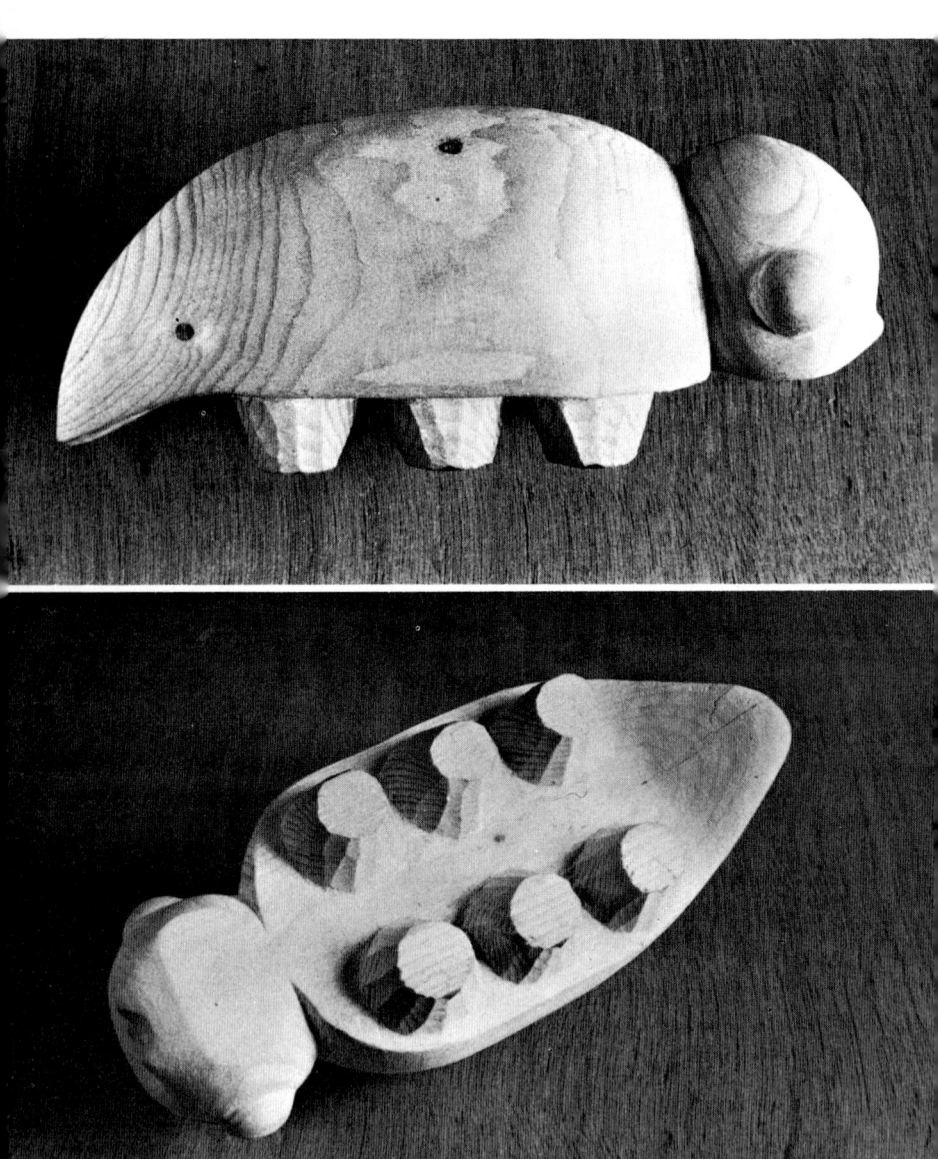

anfertigen, sofern man sie entsprechend großzügig gestaltet. An Stelle von dünnen Beinen hat der Käfer auf Bild 35 dicke Stummel. Man sieht, er blieb trotzdem ein ,,Krabbeltier". Seine Originalität erfuhr dadurch sogar eine Steigerung.

Die Zahlen in den hochkant gestellten Kästchen in Abb. XLVI auf Seite 45 bedeuten: 1 = Die Kontur der Hauptansicht des Käfers wird als erstes ausgesägt oder grob ausgehauen. 2 = Anschließend kann man auch den Umriß der Draufsicht festlegen.

Die nützliche Raupe

Das Ausgangsmaterial war ein Rundholzstück aus Esche mit einem Durchmesser von 4,5 cm und einer Länge von 24 cm. Auf einem originell geschmückten Eßtisch können die Rückendorne der Raupe (aus Ahornholz) als Spießchen dienen oder an ihnen Kleingebäck (z. B. Salzbrezeln) eingehängt werden. Arbeitstechnisches: Mit dem feinen Hohleisen wird die Rückenverzierung um die Spießchenlöcher gekerbt (siehe Abb. XLVII, RV). Die aus Eschenästchen geschnitzten Beine (B) werden in Bohrungen gesteckt. Abb. XLVII, U zeigt den Umriß der abgeplatteten Raupenunterseite (gestrichelte Linien). Der Raupenkörper kann natürlich aus jedem Holz geschnitzt werden.

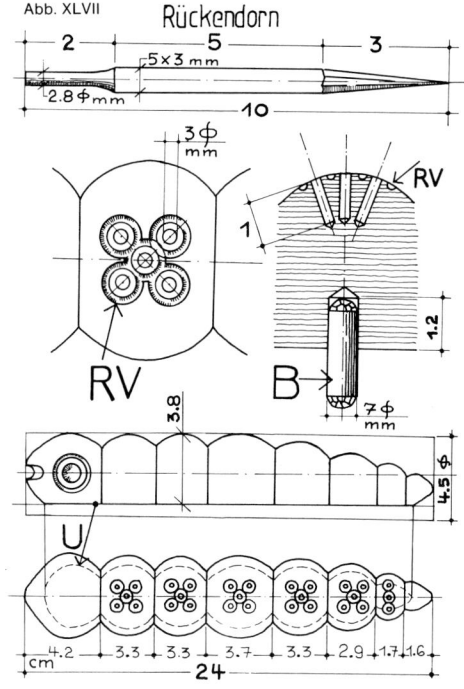

◀ Bild 35. Käfer (Hauptansicht)

Bild 36 siehe Seite 48

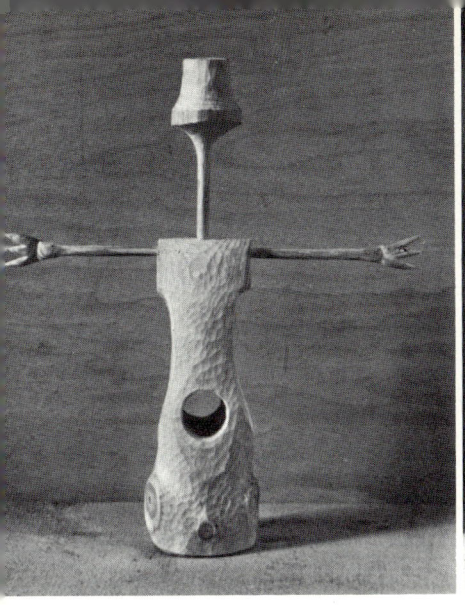

Bild 37

Die praktische Vogelscheuche

Ein 9 cm starkes Fichtenstammstück mit einer Länge von 24 cm
bildet den Rumpf. Der Hutkopf und
die Arme sind in Bohrungen eingesteckt. Rohmaße des Kopfes:
6 cm Durchmesser × 15 cm Länge;
verdünnen auf 9 mm Durchmesser. Rohmaße der Arme: Ast =
2,5 cm Durchmesser × 14,5 cm
Länge; verdünnen auf 8 mm
Durchmesser. Das Loch im Bauch
der Vogelscheuche hat einen
Durchmesser von 3,5 cm. Bei Fa-
milienfestlichkeiten kann diese
Schnitzerei humorvoll eine praktische Aufgabe erfüllen (siehe Bild

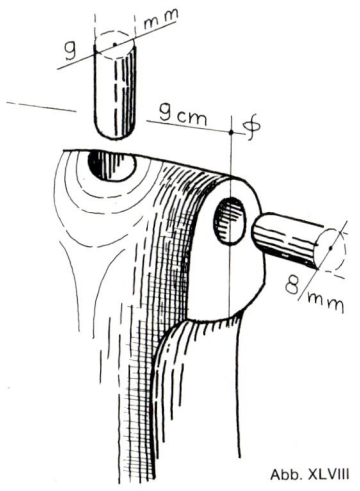

Abb. XLVIII

37). Im Bauch stecken Salzstangen, und die Arme und der Hals sind
mit Brezeln behängt. Die Hände und der Hut sind Griffe zum Anbieten
(herausziehen und wieder hineinstecken).

49

Rustikaler Trog

Geschnitzt aus einem Fichtenabfallstück mit 19 cm Durchmesser und 40 cm Länge. Die Füße haben einen Durchmesser von 4,5 cm und besitzen eine Länge von 7 cm. Sie wurden in die Unterseite des Troges eingesteckt (siehe Bild 38, rechts).

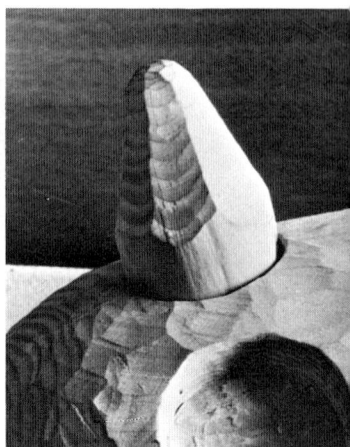

Bild 38

Drachen und Schlange

Diese Figuren sollen zum Schnitzen nach eigenen Ideen herausfordern und beweisen, wie gut sich Rundhölzer für viele Zwecke eignen. Der Werdegang des Drachentieres (siehe Abb. XLIX) ist ein Beispiel dafür. Es ist empfehlenswert, zuerst mit dem Schnitzmesser ein kleines Probemodell zu fertigen. Es genügt dazu bereits ein 9,5 cm langes Eschenholz-Aststück mit einem Durchmesser von 2,5 cm. Bei der größeren Ausführung formt man nach eigener Fantasie rundplastisch weiter. Eine Umgestaltung ist auch möglich. Dort, wo der Kopf ist, könnte der Schwanz sein, und da, wo der Schwanz ist, könnten zwei Drachenköpfe sein (siehe Bild 39 und Sägeschablonen auf Seite 53, Abb. LI). Beachten Sie zugleich die Schablonen auf Seite 53, Abb. L zu den Bildern 40 und 41 auf Seite 52.

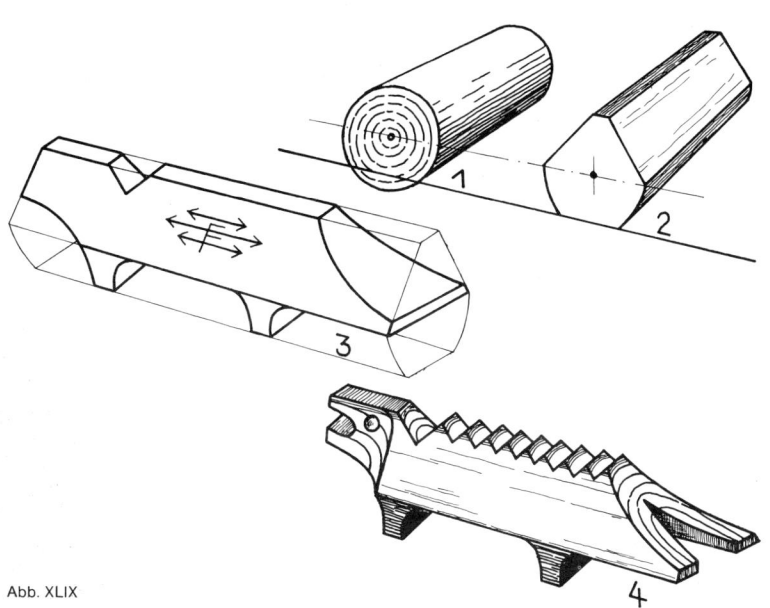

Abb. XLIX

Bild 39

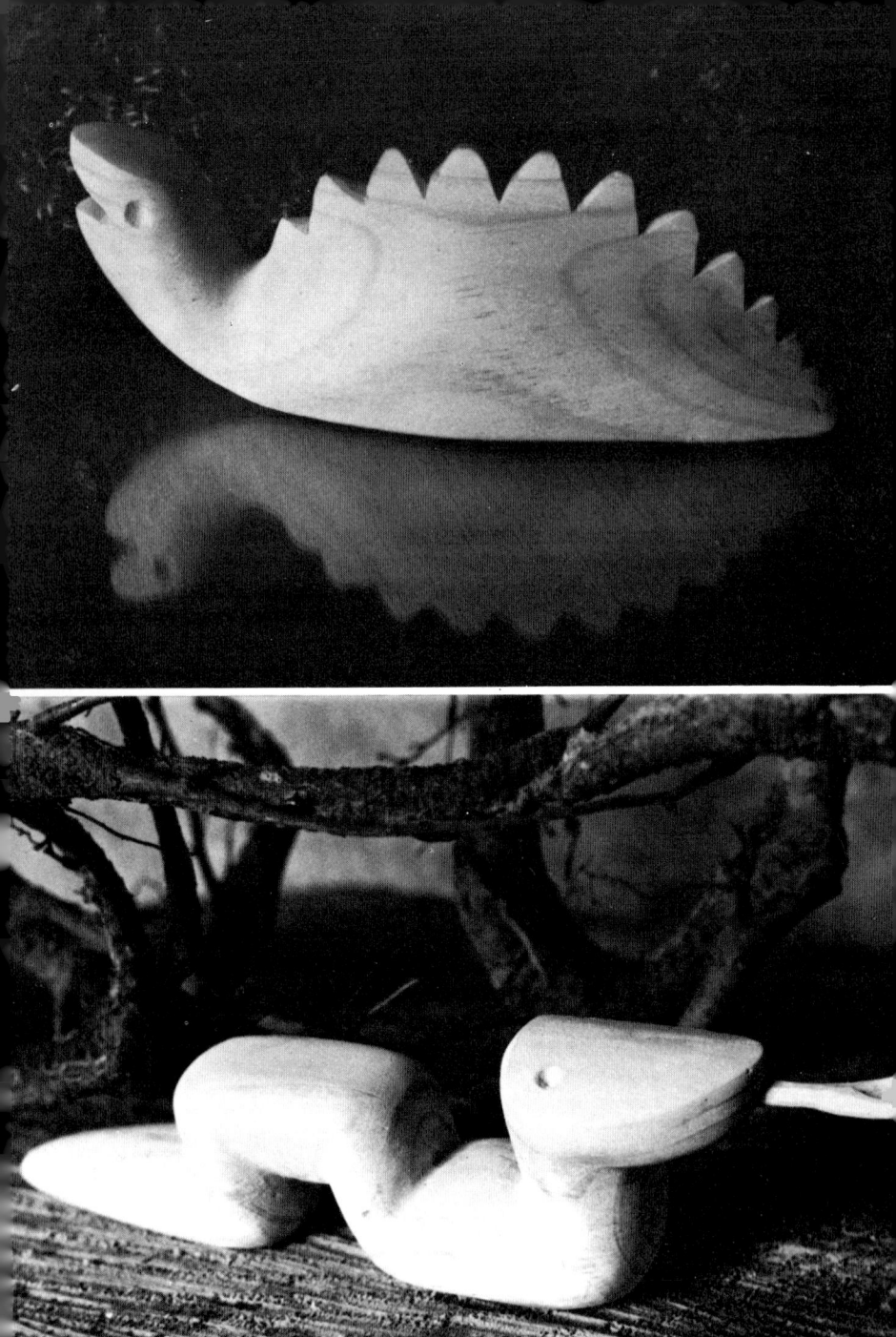

Bild 40 (links oben); Bild 41 (links unten)

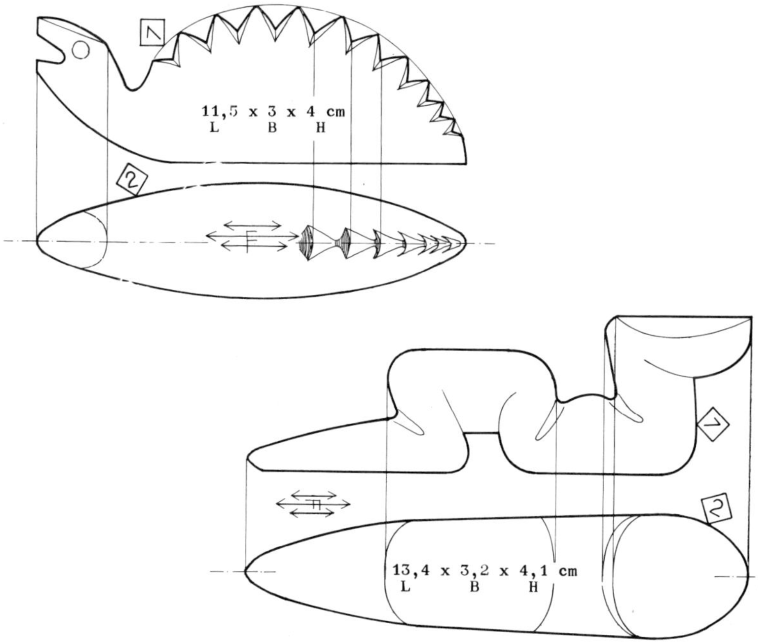

11,5 x 3 x 4 cm
L   B   H

13,4 x 3,2 x 4,1 cm
L   B   H

Abb. L. Arbeitsschablonen zu Drache und Schlange

Abb. LI. Arbeitsschablonen zum zweiköpfigen Drachen

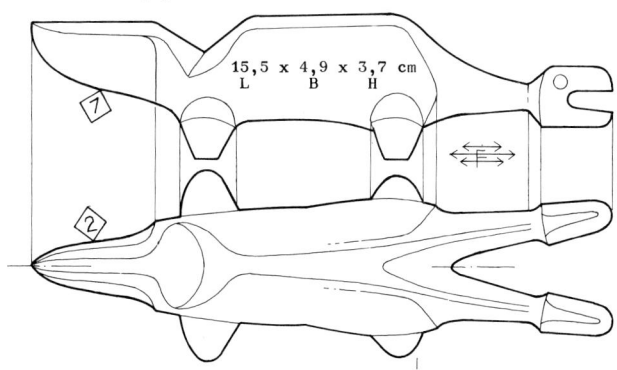

15,5 x 4,9 x 3,7 cm
L   B   H

Schnitzereien aus werkgerecht zugeschnittenen Hölzern

Ein schmales, halbiertes Rundholzstück eignet sich für einen Löffel. Man skizziert die Umrißform auf die flache Holzseite und sägt und schnitzt zuerst einmal die Rohform nach der Aufsichtsvorlage (siehe Abb. LII, A) und anschließend die Konturen aus der Seitenansicht (siehe Abb. LII, S).

Daß man nicht angestrengt nachdenken muß, um ein schönes Holzgefäß zu erhalten, beweist Abb. LII, B. Aus dem Klötzchen auf Abb. LII, C kann man einen Elefanten machen. Man fertigt auch hier, wie auf der Abbildung zu sehen ist, als erstes den Rohling. Den Durchbruch hinter dem Rüssel bewältigt während der eigentlichen Formgebung das Hohleisen mit der stark gewölbten Stichform. Die Faserrichtung stimmt mit der Beinrichtung überein. Der gebogene Rüssel liegt an, so daß auch hier keine Bruchgefahr besteht.

Das Klötzchen auf Abb. LII, D bietet sich für einen Uhu an. Diese Figur ist von einem Anfänger ebenfalls leicht zu bewältigen. Zuerst wird wieder die Rohlingsfigur gefertigt, bevor mit der eigentlichen Schnitzarbeit begonnen wird. Dann werden alle Details grob vorgeschnitten (angelegt). Die feine Ausarbeitung und Überarbeitung (Oberflächenbearbeitung) kommt zum Schluß, wenn man mit der gesamten Gestaltung zufrieden ist.

Abb. LII

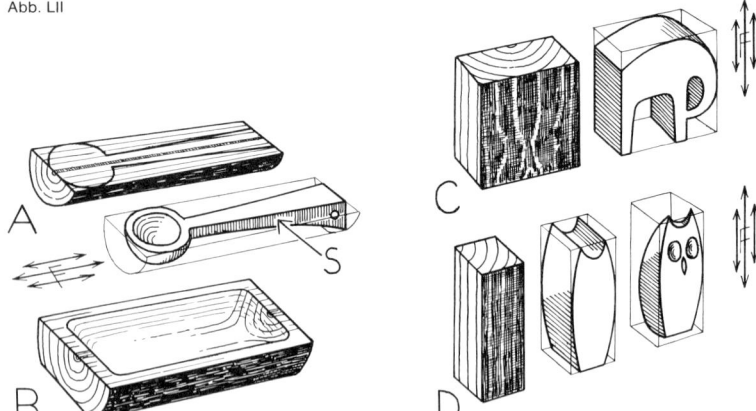

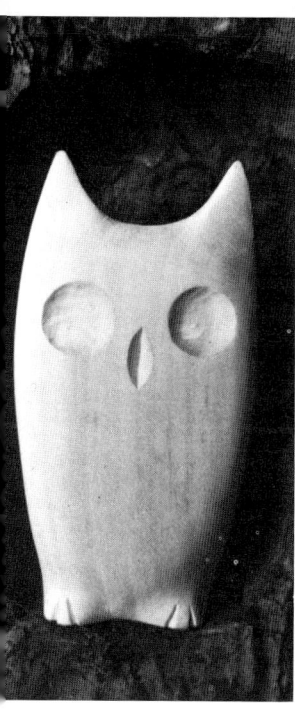

Bild 42 (oben links); Bild 43
(oben rechts); Bild 44 (Mitte)

Bild 45 (rechts)

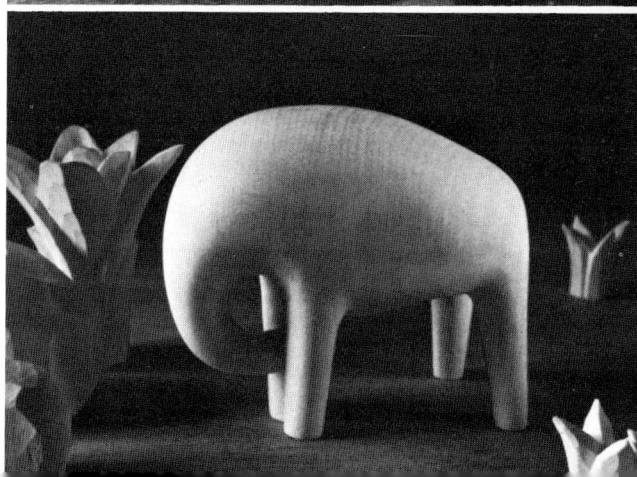

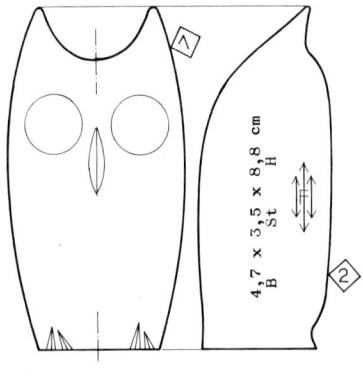
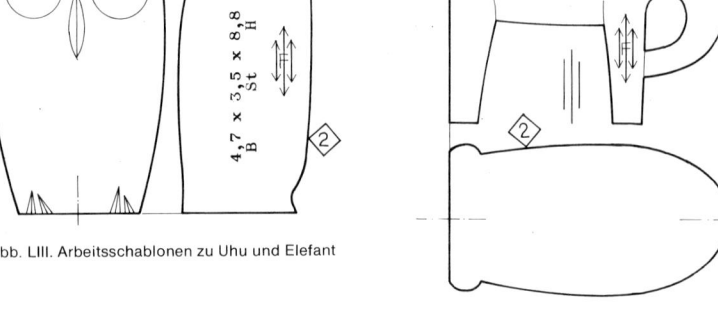

Abb. LIII. Arbeitsschablonen zu Uhu und Elefant

Igel (Kiefer)

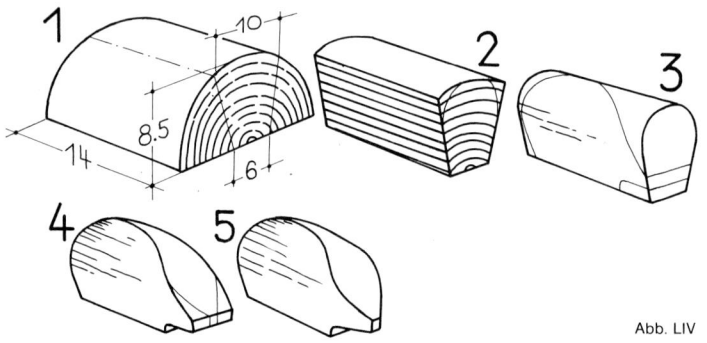

Abb. LIV

Abb. LIV:
1 = Zugerichtetes Holzmaterial.
2 = Auf Maß gearbeitetes Werkstück.
bis 5 = Fertigung der Rohlingsfigur.
Erfahrungshinweis: Kurz vor der Fertigstellung bildeten sich am Querholz des Igels unschöne Trockenrisse. Durch ein sofortiges, gründliches Aushöhlen (siehe Bild 47) wurde dem waldfrischen Holz Gelegen-

Bild 46 (rechts oben); Bild 47 (rechts unten)

heit gegeben, von innen und außen her gleichmäßig zu trocknen. Der
Erfolg war, daß sich die Risse – kaum noch erkennbar – wieder schlossen.

Der Waldgeist auf Bild 48 entstand aus einem dünnen und einem dicken
Kiefernstammstück, bei denen vorher die Rinde abgeschält wurde. Die
Trennung des dicken Stückes ergab den Kopf (siehe Abb. LV, 2b) und
die Schulter (siehe Abb. LV, 2a). Das dünne Stück (siehe Abb. LV, 1)
stellt den Hals dar. Der Kopf wurde auf der Rückseite bis auf 1 cm Gesichtswandung ausgehöhlt. Stirn- und Kinnpartie dagegen verblieben
bei 3,5 cm Stärke. Mund-, Nasen- und Augenlöcher sind bis auf die
Rückseite durchgeschnitzt (durchbrochen). Aus dem Bild 48 geht
deutlich hervor, daß das Gesicht mit dem Hohleisen eingekerbt ist. Der
Kopf kann in den Hals gesteckt, angeschraubt oder angedübelt werden
(siehe die technischen Abb. LV, S: Schnitte der Kinnpartie von der Seite

Bild 48   Abb. LV

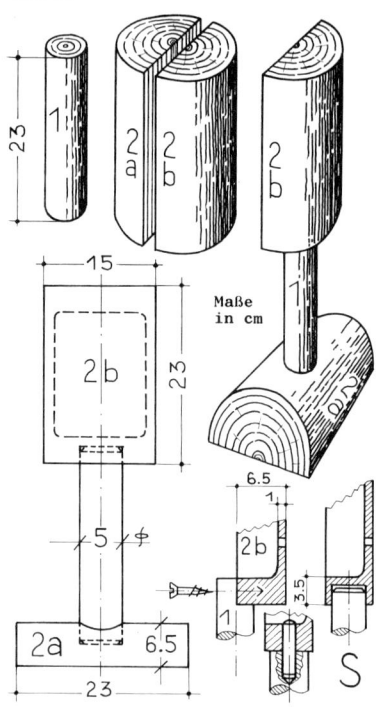

58

gesehen). Das Verzieren der Schulter bleibt jedem selbst überlassen. Zwei aneinander gefügte Kopfteile ergeben eine geheimnisvolle Lampe. Man wird bei dieser Arbeit an den Volksbrauch erinnert, wo Kürbisse und Futterrüben ausgehöhlt werden und anschließend ein Gesicht eingeschnitten wird.

Heupferd aus einer Kiefernstammscheibe

Zuerst wurde der Rohling mit der Baumsäge (in den Umrissen der Hauptansicht) (Abb. LVII, 1) am Schnitzklotz herausgeschnitten. Für das Formen der Rohlingsfigur – in den Umrissen der Draufsicht (Abb. LVII, 2) – wurde die Mehrzwecksäge und das Schnitzeisen verwendet. So in seiner groben Gestalt festgelegt, verliert das Schnitzen einer derartigen Figur an Schwierigkeit. Ein feines Überschleifen steigert das Insektenhafte.

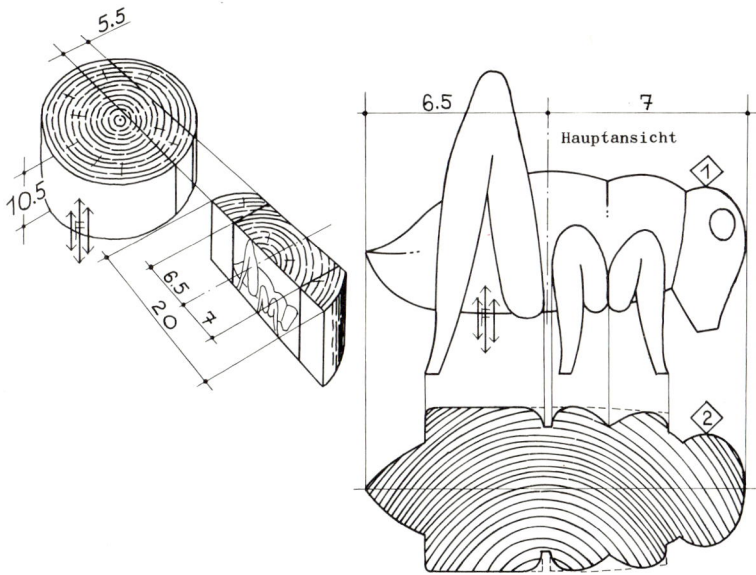

Abb. LVI (links); Abb. LVII (rechts). Die Umrißform der kantigen Rohlingsfigur in der Draufsicht

Bild 49 und 50 (Seite 60). Heupferd aus einer Kiefernstammscheibe

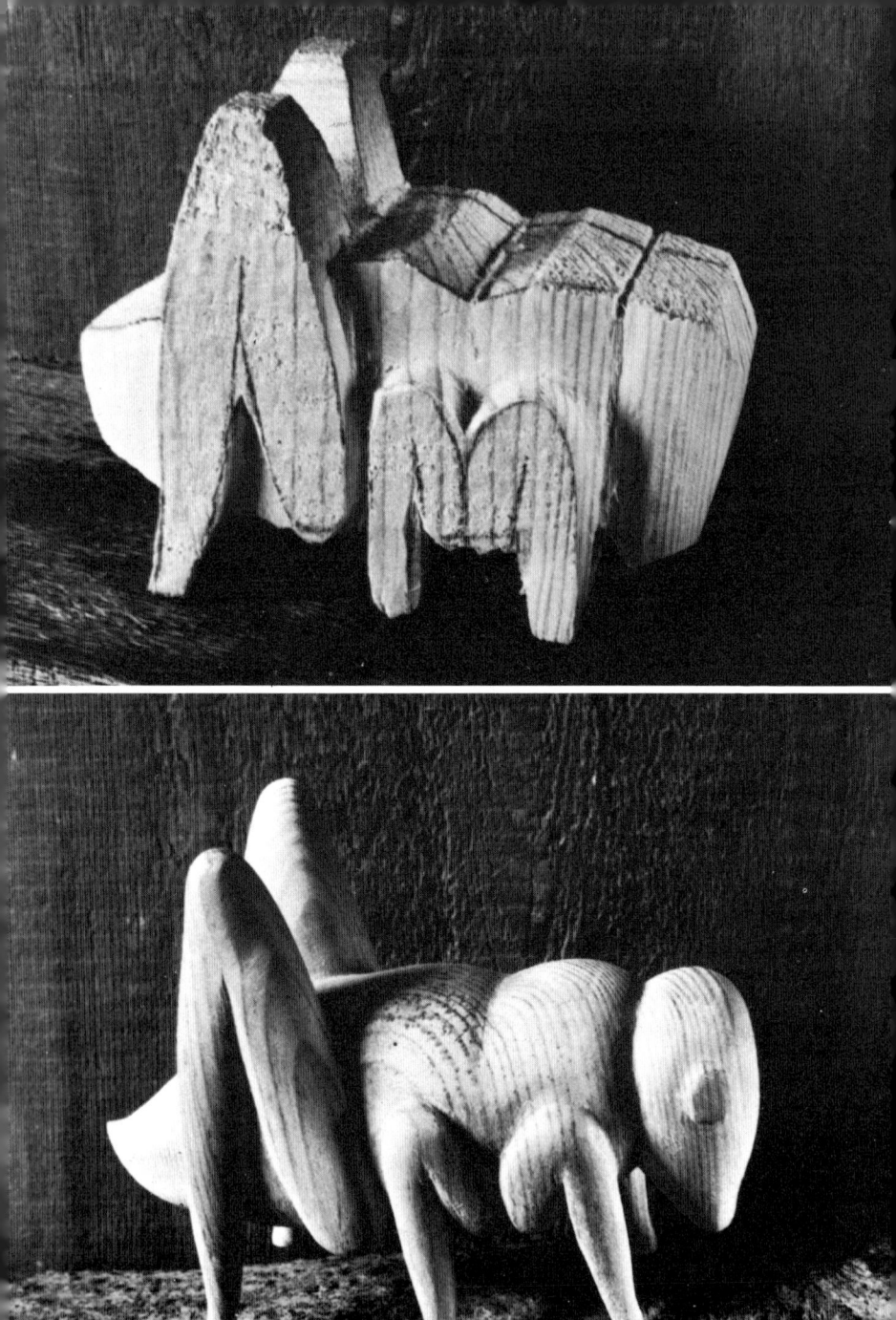

Schmetterling aus Kiefernholz (siehe Bild 51, Seite 61)

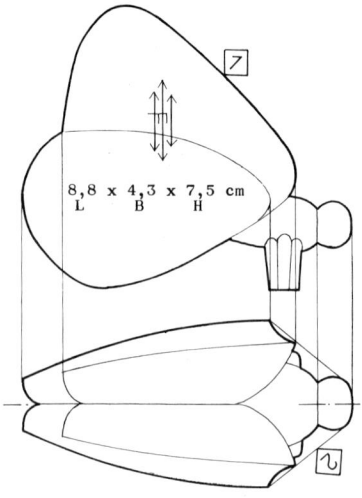

8,8 x 4,3 x 7,5 cm
L   B   H

Die Sägeschablonen auf Abb. LVIII werden bei der Fertigung hilfreich sein. Wer Spaß daran hat, bohrt in den Kopf zwei Löcher und steckt als Fühler dünne Hölzchen hinein. Das Ausgangsmaterial zu dieser Schnitzerei ist: Werkholz aus einem halbierten Stammstück (siehe Seite 13, Abb. IV, 3).

Abb. LVIII. Arbeitsschablonen zum Schmetterling

Allgemeine Hinweise

Verkitten: Trockenrisse lassen sich trotz vorausschauender Maßnahmen nicht immer vermeiden. Eine gut gelungene Schnitzerei verliert deswegen weder an Reiz noch an persönlichem Wert. Dort, wo ein Riß wirklich stören sollte, läßt er sich mit Holzkitt schließen. Nach Holzarten und ihren Farben geordnet gibt es den – auch als flüssiges Holz bezeichneten – Kitt in Dosen zu kaufen. Nach dem Auftragen wird er schnell hart. Zweckdienlich und unproblematisch ist für schmale und kleinere Risse der Wachskitt. Ein farbliches Sortiment von kurzen, festen Stücken ist von Vorteil.

Ausspänen: In die Risse kann man einen entsprechenden Holzspan (siehe Seite 64, Abb. LIX, Sp) einleimen. Diese Methode hat allerdings nur bei gut getrocknetem Holz einen Sinn.

Behandlung von Wurmlöchern: In Holzwurmlöcher spritzt man „Wurmtod". Derartige Mittel gibt es in praktischen Kleinstbehältern im Handel zu kaufen. Wenn der Wurm kein Lebenszeichen mehr gibt, verkittet man die Löcher. Klopf- und Tickgeräusche sowie frisch ausdringendes Holzmehl zeugen von seiner Existenz.

Einwachsen: Durch Staub und Abgreifen wird insbesondere helles Holz sehr bald schmutzig. Man wäscht sich deswegen kurz vor der letzten Überarbeitung öfter die Hände. Die Schnitzerei wird nach Fertigstellung durch ein gründliches Einreiben mit einem farblosen Bohnerwachs geschützt. Außer diesem einfachen Schutz gibt es noch andere spezielle Mittel. Arbeiten, die Wind und Wetter ausgesetzt sind, müssen entsprechend imprägniert werden. Am besten läßt man sich in Fachgeschäften beraten.

Aststellen: Vor Beginn der Arbeit überprüft man das Holz auf unliebsame Aststellen und verweist sie an Plätze, an denen sie später nicht stören. Auch astverdächtige Merkmale! Daß man Aststellen als Schmuck miteinbeziehen kann, zeigt das Bild 52 auf Seite 64.

Brüche: Bei einer in sich geschlossen gestalteten Figur sind Brüche nahezu unmöglich. Bei Schnitzereien mit frei abstehenden Formgliedern ist Bruchgefahr vorhanden. Ist es aber einmal passiert, so braucht man nicht den Mut zu verlieren, man fügt und leimt das Abgebrochene einfach wieder an.

Fügen: Dies bezieht sich auf das Beispiel des Beinbruches einer kleinen Figur (siehe Seite 64, Abb. LX). Nach Möglichkeit benützt man die natürlichen Bruchflächen zur Fügung. Sie verzahnen sich ineinander. Ein Schaden, wie auf Seite 64, Abb. LX, a gezeigt wird, ist günstig. Er

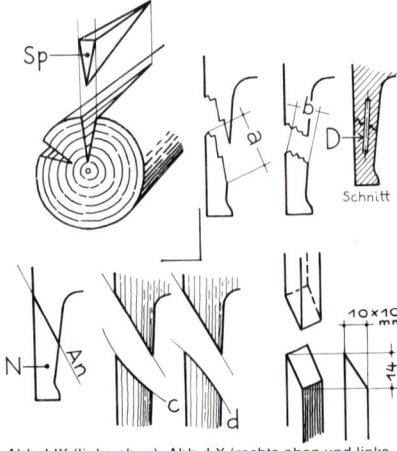

Bild 52

Abb. LIX (links oben); Abb. LX (rechts oben und links unten); Abb. LXI (rechts unten)

besitzt große Bruchflächen und ergibt somit auch große Leimflächen. Bei Abb. LX, b ist es dagegen ratsam, einen kleinen Dübel (D) zur Absicherung einzusetzen. Ist das abgebrochene Teil unbrauchbar, muß ein neues Stück (N) angesetzt werden. Ein starkes Anschrägen (An) beider Holzteile ist dann zur sicheren Verleimung erforderlich. Sie müssen exakt aufeinanderpassen. Unebenheiten wie auf Abb. LX, c und d vereiteln jeden Erfolg.

Verleimen: Bei allen Verleimungen ist der Anpreßdruck von großer Wichtigkeit. Der Leim muß so in die Holzporen eingedrückt werden, daß die Hölzer dicht verbunden aneinanderliegen. Bei kleinen Leimflächen genügt der Druck kräftiger Hände. Wo dies möglich ist, kann man auch Stahlklammern benützen. Bei größeren Flächen müssen Schraubzwingen oder Dementsprechendes verwendet werden. Ein Verleimen hat hier ebenfalls nur Sinn, wenn die Hölzer gut trocken sind.

Klebstoffe: Gut bewährt hat sich für alle kleinen und großen Verleimungen der weiße Kaltleim, den es in Fachgeschäften zu kaufen gibt. Man läßt ihn mindestens 6 bis 8 Stunden trocknen. In kleinen Tuben gibt es verschiedene Langsam- und Schnellkleber. Wichtig ist es jedoch, die Gebrauchsanweisungen genau zu befolgen. Eine kleine Zeitzugabe fürs Abbinden ist vorteilhaft. Da Holz, besonders das Querholz, die Klebemittel stark ansaugt, ist stets auf ein sattes Auftragen zu achten. Der Anfänger sollte das Fügen und Verleimen erst einmal an Probehölzern üben (siehe Abb. LXI).